W0293715

ex: 8147

11006

ÉMILE

BERTRAND PUARD

ÉMILE

L'INTRAITABLE ZOLA

hachette
ROMANS

Illustrations intérieures et de couverture : © Anne Lise Nalin

© Hachette Livre, 2018, pour la présente édition.
Hachette Livre, 58 rue Jean Bleuzen, 92170 Vanves.

Rien ne développe l'intelligence comme les voyages.

Émile Zola,

Contes à Ninon

NOTE DE L'AUTEUR

Ce roman, le deuxième d'une série qui se propose d'explorer la jeunesse de quelques-uns des plus grands romanciers de langue française que j'admire immensément, est une fantaisie.

On y croise de véritables faits historiques dans une intrigue parfaitement imaginaire ; de vrais amis de Zola, dont Paul Cézanne et Jean-Baptistin Baille, et d'autres personnages totalement inventés. Zola et Cézanne, dans le même collège ! Un des plus grands écrivains du XIXe siècle et le père de l'art moderne, selon Picasso, camarades dans leur jeunesse. Quel terreau romanesque, déjà ! Il ne faut pas m'en vouloir d'avoir pris également quelques libertés chronologiques. Je l'écris à nouveau : ce roman est une fantaisie.

Ce que je souhaite ardemment, dans cette série, c'est surtout rendre hommage à l'écrivain et à une ou plusieurs de ses plus célèbres œuvres. C'est montrer qu'une vocation littéraire se construit aussi, et surtout peut-être, dès l'enfance. J'en suis intimement persuadé. C'est enfin vous donner envie à vous, lecteur, de découvrir l'œuvre originale qui surplombe celle que vous viendrez de terminer, la cathédrale littéraire des Rougon-Macquart dans le cas présent. Vingt volumes, et autant de chefs-d'œuvre.

Alexandre Dumas a eu cette formule qu'affectionnent particulièrement les romanciers historiques :

Si j'ai violé l'Histoire,
je lui ai fait de beaux enfants.

Le premier verbe n'est pas heureux. Mais la formule a présidé à la conception de cette série. J'espère que la fratrie sera nombreuse et qu'il ne me viendra pas à l'idée de renier un seul de ces enfants !

Merci pour votre attention, et à très bientôt en compagnie du jeune Victor Hugo...

Pour Henri Mitterand,
cette fantaisie autour du jeune Émile Zola,
en humble hommage à votre formidable travail
autour du romancier.

CHAPITRE 1

Lorsqu'on entre dans Aix-en-Provence par la porte de la Plateforme, située à l'est de la ville, on trouve, après la place Miollis, une rue qui se nomme la rue de la Mule-Noire.

Elle se situe entre le cours des Minimes et les faubourgs de la ville, entre l'Aix populaire et l'Aix bourgeois. Au milieu de cette rue, du côté des numéros pairs, se dresse un haut mur de pierres grises percé d'une petite arche de pierre qui ne comporte pas de porte. Personne ne songerait à s'aventurer derrière ce mur. À quoi bon ? Le curieux y trouverait un champ d'herbes folles, quelques arbres maigrelets et un puits dont l'eau n'est pas même potable.

C'était pourtant dans ce jardin qu'Émile se rendait tandis que la nuit tombait. Il avait quitté sa demeure de campagne où il résidait avec sa mère Émilie et ses grands-parents. Il était tard, on était au début de l'été, les longues vacances commençaient et ce n'était pas pour déplaire à l'interne du collège Bourbon. Il n'aimait véritablement le collège que pour y retrouver ses deux amis, Paul et Jean-Baptistin.

Émile avait un rendez-vous dans le jardin perdu de la rue de la Mule-Noire. Un rendez-vous qu'il n'aurait manquer à aucun prix avec Jeanne – Jeanne et son chapeau rose. Sur la route, il courait plus qu'il ne marchait, en espérant qu'il ferait encore assez jour pour bien distinguer les jolies nuances de la douce chevelure brune de Jeanne sous le chapeau de cette couleur originale. Elle était la seule à Aix à oser en porter un. Pour une jeune fille de la belle société, dont les parents possédaient un splendide hôtel particulier sur le cours Mirabeau, cette couleur, c'était déjà comme un cri de révolte !

— Ah, mais c'est le jeune Zola !

Émile tourna la tête tandis qu'il s'apprêtait à traverser la place Miollis après le passage tonitruant d'une calèche. La peste ! Il reconnut Pierre Puech, un marchand d'huile prospère de la ville.

— Alors, Zola, reprit l'homme ventru, toujours à chercher la bonne fortune ? Il paraît que tu as encore déménagé avec ta mère, parce qu'elle n'était plus en mesure de payer son loyer ?

— Oui, monsieur, répondit Émile, qui ne put faire autrement que de baisser la tête.

Il s'en voulut immédiatement.

— Vers le pont de Béraud, un peu plus loin, là-bas.

Il eut l'impression que Puech, en regardant dans la direction des bas quartiers, s'était comme bouché le nez.

— Je sais bien. La maison des Gueidan, sur la route de Vauvenargues. Ce n'est pas bien fameux, mais cela doit faire l'affaire pour vous.

— En effet, monsieur.

— Quel âge cela te fait, à présent ?

— Douze ans, mo...

Cette fois, Émile se retint d'user de cette marque de politesse qu'il jugeait hypocrite face à ce bourgeois qu'il n'appréciait guère.

— Tu vas bientôt être en âge de travailler. Il faudra y songer. Si tu le souhaites, j'ai quelques places à pourvoir dans mon négoce.

Puech se frotta le ventre de contentement.

— À moins que tu ne préfères continuer tes études. Va ! Cela ne te mènera pas loin. Elles ne sont l'assurance de rien. Il n'y a qu'à voir l'exemple de ton pauvre père...

Émile ne répondit pas et ne laissa rien paraître du sentiment de peine qui venait de s'abattre sur lui à l'évocation de son père. Il ne ferait pas ce plaisir à l'autre Puech.

Le garçon se détourna ; il avait un rendez-vous. Jeanne l'attendait. Il aurait rencontré la grossièreté avant de côtoyer la gracieuseté. Comme un raccourci de la vie sur quelques mètres. Émile prit congé et Puech eut un petit rire nerveux en le quittant, un petit rire qui condamnait le jeune Émile Zola à un bien piètre avenir. On pourrait dire ici que Pierre Puech n'est pas plus aimable qu'il n'est clairvoyant.

Émile se pressa et entra enfin dans la rue des Bourras. Il n'avait d'yeux que pour ce mur gris que les tout derniers rayons de soleil du jour zébraient de bas en haut.

Était-elle déjà là ?

Émile entra, le cœur cognant fort dans sa poitrine, comme avant chacune de leurs rencontres.

Mais Jeanne n'était pas encore là. Elle n'arrivait jamais la première. Si elle aimait elle aussi ce jardin, elle s'y rendait tout de même avec une certaine appréhension depuis qu'ils avaient trouvé, lors d'un précédent rendez-vous, un bout de roche dans un coin de jardin qui ressemblait à un morceau d'une très vieille pierre tombale. Ce lieu était-il un ancien cimetière ? Était-ce pour cette raison que personne n'osait s'y aventurer ?

Émile marcha jusque sous leur olivier favori, qui, avec la lumière déclinante, semblait tout gris, et il attendit patiemment de les voir passer sous l'arche, elle et son chapeau rond et rose.

La voilà ! L'adolescent se précipita et lui tendit sa main, qu'elle prit aussitôt avec passion. Ils n'échangèrent pas le moindre mot jusqu'à se trouver sur leur arbre. Mais Jeanne ne voulait pas rester ici.

— Viens près du puits, il y a encore un peu de soleil...

Elle lui aurait dit de se jeter dans le puits, il l'aurait fait. Émile se savait devenir un peu imbécile en compagnie de Jeanne, mais cela lui faisait du bien, de s'abandonner un temps avec elle, faire ralentir le rythme de son cerveau qui tournait toujours à toute allure.

Une fois assis sur les pierres fendues du puits, Émile déposa un baiser sur la joue de Jeanne, qui prit la teinte de son chapeau. Il dut se hisser sur la pointe des pieds car la jeune fille, son aînée d'un an et demi, mesurait bien dix centimètres de plus que lui. Elle aussi, si maîtresse d'elle-même, ne se reconnaissait plus quand elle se trouvait en compagnie de son amoureux. Il n'était pourtant pas très beau, plutôt maigre et petit, avec un visage étonnant, un nez fendu à l'extrémité, la lèvre supérieure retroussée, et puis des cheveux châtains trop longs et pleins d'épis. Mais il y avait ses yeux bruns, que certains trouvaient tristes mais que Jeanne trouvait d'une profonde intelligence et d'une grande sensibilité. Et puis ils partageaient la passion des livres, qui faisait partie des conditions *sine qua non* entre deux amoureux.

— J'en suis au moment où la comtesse MacGregor apprend la nouvelle au sujet de sa fille !

— Neuvième partie, dit Émile. Je t'avais bien dit que tu dévorerais *Les Mystères de Paris* avec plus d'appétit que moi encore.

Il récita :

— « Dieu lui refuse la consolation suprême d'embrasser son enfant. Une demi-heure après, la comtesse Sarah MacGregor avait cessé de vivre. »

— Et toi, qu'as-tu lu depuis notre dernière rencontre ?

— Je n'ai pas lu, j'ai écrit !

Jeanne lui fit les gros yeux.

— Tu es un peu prétentieux, déclara-t-elle doctement.

Mais Émile, grisé par le souvenir des phrases qu'il s'était enfin risqué à écrire à la plume sur de vieilles feuilles jaunies appartenant à son grand-père, continua :

— J'ai écrit à propos de notre puits ! Oui ! Celui sur lequel nous sommes assis en ce moment ! Oh, pas grand-chose, trois fois rien... Mais je l'ai imaginé plus grand, avec de l'eau qui remontait presque à la surface... Et surtout, séparé en son milieu par un mur.

— Je ne vois pas bien, reconnut Jeanne.

— Il faudrait que tu lises mes phrases. Le puits est partagé entre deux jardins où habitent deux jeunes amoureux. Leurs parents respectifs réprouvent violemment leur idylle, alors ils n'ont d'autre solution que de venir s'admirer dans l'eau du puits, chacun savourant le reflet de l'autre puisqu'un terrible mur les sépare. Ils parlent au reflet de l'autre...

Jeanne vit l'image et elle applaudit alors son jeune compagnon.

— La scène est jolie ! dit-elle. Mais cela ne ferait pas un bon début pour des « Mystères d'Aix ».

Émile ne répondit rien. D'ailleurs, après lui avoir promis de la raccompagner jusqu'au cours Mirabeau, il ne parla bientôt plus et ils restèrent blottis l'un contre l'autre, longtemps, très longtemps. Le fond de l'air se rafraîchissait.

À présent, l'obscurité avait envahi le jardin. Le croissant de lune ne laissait apparaître que les ombres des mauvaises herbes, des arbrisseaux et les leurs.

Le silence était total, presque irréel.

Puis ils entendirent tous deux, très distinctement, le son d'une branche que l'on écrase au sol.

Quelqu'un venait d'entrer dans le jardin, dans leur jardin.

Émile se leva. Il ne vit rien. Jeanne regarda à son tour.

— Un chat, dit Émile en haussant les épaules.

Mais il y eut comme un déplacement d'air froid qui leur fit avoir un geste de recul. Ils se cognèrent au puits. Jeanne cria.

C'est alors qu'ils virent la créature, là, devant eux, à trois pas. Une créature, oui, il n'y avait pas d'autre mot pour la désigner dans l'obscurité. C'était une masse petite et trapue, très noire, sur laquelle on ne pouvait distinguer ni tête, ni épaules, ni un quelconque signe de son appartenance au règne des humains.

Jeanne et Émile se trouvèrent comme statufiés. Ils entendirent alors une petite voix provenir de la créature :

— Tu es le fils Zola…

Émile, en apnée, se contenta de hocher la tête. La voix sonnait étrangement en cet instant car elle était douce et agréable, pas du tout gutturale. On eût dit la voix d'un enfant.

— J'ai cette lettre pour toi de la part de quelqu'un qui pense très fort à toi là où il se trouve, continua la voix.

Elle ne lui tendit rien, mais une enveloppe d'un blanc immaculé arriva comme par magie dans la poche droite de la veste du jeune homme. Il s'en empara, les doigts tremblants. Jeanne retint un nouveau cri. Aucun nom ne figurait sur le papier.

— Qui êtes-vous ? demanda Émile.

— Un messager.

— Mais qui vous envoie ?

Le silence revint, aussitôt coupé par un bruit de cavalcade au loin et les cris d'un combat de chats plus près.

— Qui vous envoie ? insista Émile.

— Ton père ! répondit la créature.

Émile eut comme un vertige. Son père ! Mais son père était mort à Marseille il y avait six années de cela, alors que lui-même n'avait que six ans.

Il y eut de nouveau comme un fort coup de vent glacial. Instinctivement, Émile se protégea le visage avec les mains, laissant tomber la lettre à ses pieds.

Lorsqu'il vit à nouveau le jardin, le messager ne s'y trouvait plus. Jeanne se jeta dans ses bras, elle ne pleurait pas mais ses yeux étaient trempés de larmes.

Ils crurent tous deux avoir cauchemardé.

Mais l'enveloppe se trouvait bien là, réelle, à leurs pieds.

Et c'est alors une étrange aventure qui allait bientôt pouvoir commencer.

CHAPITRE 2

— Émile !

Jean-Baptistin appela à nouveau, mais Zola, pour la première fois depuis qu'ils avaient pris goût à ces escapades, refusa de se déshabiller et de venir plonger avec ses amis.

— Allez, viens ! reprit Paul, qui regagnait la rive. L'eau est délicieuse. Je ne sais pas ce que tu as aujourd'hui, mais tu me fais de la peine. Viens !

Paul sortit de l'eau. Il était nu, comme Jean-Baptistin ; ils n'allaient pas s'encombrer de maillots puisqu'ils se baignaient entre amis. Le nageur vint s'installer sur un rocher, la tête et le corps ruisselants, et il se mit à réciter :

Zola nageur
Fend sans frayeur
L'eau limpide.
Son bras nerveux
S'étend joyeux
Sur le doux fluide.

Paul replongea aussitôt. Jean-Baptistin applaudit à tout rompre avant de replonger à son tour dans l'eau du torrent.

Il nagea vers Émile, qui était assis sur un rocher, l'air crispé, plus soucieux que jamais. Il était dans cet état depuis leur départ d'Aix.

— C'est la demoiselle au chapeau rose qui te met dans ces états, mon ami ? demanda Paul.

Émile haussa les épaules.

— Ça ne m'étonne pas. C'est une bourgeoise. Elle s'est entichée de toi, donc je ne dis pas qu'elle a mauvais goût, non. Mais ses parents ne laisseront pas faire. Même moi, Cézanne, le fils du banquier, je ne serais pas assez convenable pour leur fille unique.

— Ce n'est pas de Jeanne dont il s'agit, lâcha Zola.

Il se leva, gêné par les mains humides et froides de son ami qui cherchait à le tirer vers lui.

— Et puis laisse-moi tranquille à la fin !

Devant eux, Jean-Baptistin Baille observait la scène, peiné. Ils savaient, Cézanne et lui, que leur ami Émile était le plus tourmenté des trois. Mais d'ordinaire, lorsqu'ils se retrouvaient sous le soleil pour se baigner, chacun apportait sa bonne humeur, laissant ses soucis pour plus tard.

— Mais viens donc te laver la tête avec nous, tiens ! cria Cézanne avec son accent chantant. Elle est délicieusement chaude, cette eau. Quel plaisir sous notre soleil du Sud, avec ces cigales qui nous honorent tout autour !

Le bain, c'était la fin de leur rituel une fois les vacances venues, de ces escapades à la journée en dehors de la ville où ils partaient très tôt, entre les champs d'oliviers, munis chacun d'un sac contenant quelques victuailles, des livres pour Émile et Jean-Baptistin, des carnets et des fusains pour Paul. Ils changeaient souvent de trous d'eau, qui ne manquaient pas près de la

route de Nice, le long du cours de l'Arc, autour des villages de Palette et du Tholonet, au pied de la montagne Sainte-Victoire, choisissant de préférence un endroit que les pins ombrageaient au moins un peu.

Le soleil, l'eau et leur jeunesse, leurs trois sources vitales !

Ils espéraient tous se retrouver été après été, sans jamais avoir à vivre séparés. Ils se voyaient doucement grandir, devenir adolescents, et, bientôt, fumer des pipes et organiser leur conquête du monde, Émile par les mots, Paul par la peinture et Jean-Baptistin par les sciences. Ah ! Vivement cet âge où leurs parents les laisseraient tranquilles des jours entiers sans se soucier d'eux, et alors ils pourraient rester près du trou d'eau même la nuit, cela ne serait pas de trop pour continuer leurs discussions et sceller leur amitié.

Émile ne pouvait mettre en doute sa franche camaraderie avec Cézanne et Baille, ses deux amis à la vie et à la mort, mais il hésitait pourtant à évoquer devant eux l'épisode de la lettre, de cette créature étrange venue dans le jardin. Avait-il honte ? Peur que ses amis ne se moquent de lui à cause de cette apparition quasi fantastique ? La veille, il avait raccompagné Jeanne jusqu'au cours Mirabeau. La jeune fille était choquée, tout comme lui. Une fois revenu chez lui, il n'avait pas fermé l'œil de la nuit. La lettre était restée cachetée sur son petit bureau de bois, dans sa chambre. Il n'avait pas encore trouvé le courage de l'ouvrir, redoutant son contenu. Il l'avait d'ailleurs sur lui en cet instant. Et il se demanda alors s'il n'avait pas attendu pour l'ouvrir avec la présence réconfortante de Paul et de Jean-Baptistin.

Émile fit quelques pas sous les pins, montant vers le chemin de terre comme s'il voulait regagner la route d'Aix, mais il fit demi-tour et alla tout raconter à ses deux camarades.

Cézanne et Baille écoutèrent, en restant dans l'eau. Lorsque Émile évoqua la créature, ils se contentèrent de hocher la tête.

— C'était soit un enfant, soit un nain, conclut Baille, qui possédait l'esprit le plus scientifique des trois.

— Et cette lettre, dit Cézanne, tu l'as sur toi ?

Émile la sortit de la poche de son pantalon et la déplia. Ce fut le signal qui décida les deux baigneurs à sortir de l'eau. Ils vinrent s'étendre en plein soleil aux pieds d'Émile, qui était resté debout, et l'adolescent sut qu'il était temps de découvrir ce que le messager de feu son père lui avait confié.

CHAPITRE 3

Émile en sortit deux feuilles, deux simples feuilles, mais que souhaitait-il y trouver d'autre, en vérité ?

— Bas les pattes ! dit-il à Paul, qui voulait se saisir de l'un des deux papiers avec ses doigts trempés.

On lui avait donné l'enveloppe en mains propres, il souhaitait être le premier à en découvrir le contenu. Il n'avait pas eu la force de le faire seul, et il devait bien admettre que la présence de ses deux camarades lui avait donné ce courage.

La première feuille comportait un étrange dessin. À première vue, il s'agissait d'un arbre, exécuté à la va-vite, avec son tronc, quelques branches et un feuillage gribouillé. Mais Émile réalisa qu'il ne s'agissait pas d'un végétal ordinaire, c'était un arbre généalogique. De petits rectangles ponctuaient les branches à intervalles réguliers, de plus en plus nombreux dès lors qu'on montait vers la cime. Ce ne pouvait être que cela, car il lut son nom en approchant la feuille de son visage, son nom inscrit en petits caractères manuscrits tout en bas du tronc et, au-dessus de cet « Émile Édouard Charles Antoine Zola », il lut le nom de son père, « Francesco Antonio Giuseppe Maria Zolla » avec ses deux « l » originels, et puis celui de sa mère, « Françoise Émilie Aurélie Aubert ».

Baille, qui avait cette faculté de saisir n'importe quel écrit juste en le regardant, dit :

— « L'arbre aux trésors. »

C'était le titre qui figurait en plus petits caractères encore en haut de la feuille. Émile la retourna et, cette fois, ce fut Paul qui lut la phrase qui y figurait :

— « Compléter cet arbre, c'est trouver le trésor de ton père. »

Le jeune Zola resta muet.

— Ton père ? Un trésor ? dit Baille. Tu étais au courant, Émile ?

Il secoua la tête.

— Bien sûr que non… C'est une blague. Une blague de mauvais goût. Migeon, qui était l'associé de papa quand il a construit le canal Zola, nous répète assez souvent que papa a seulement laissé derrière lui quatre-vingt mille francs de dettes.

— Tu as raison, dit Cézanne. C'est une mauvaise plaisanterie. Et l'autre feuille ?

Zola la fit glisser sur la première. En adorateur des livres, il vit immédiatement qu'il s'agissait d'une page arrachée à un volume. Ce fut lui qui lut à voix haute le court texte qui y figurait :

Un homme qui travaillait au haut du campanile de Saint-Marc, à Venise, perdit pied tout à coup et se mit à tomber ; mais, ayant imploré saint Marc pendant sa chute, il put s'accrocher à une poutre qu'il trouva devant lui, et descendit de là sans danger le long d'une corde qu'on lui lança, après quoi il s'en retourna achever son travail.

— Je ne vois pas le rapport avec l'arbre généalogique, dit Baille en haussant les épaules.

— C'est qu'il n'y en a pas ! pesta Paul. Ta créature fantastique, c'est un de ces imbéciles de troisième qui ont voulu se payer ta fiole, oui ! Ça ne leur suffisait plus de t'insulter, le Franciot par-ci, le Parisien par-là, l'Italianasse par-dessus… Il y a des coups de poing qui se perdent, crois-moi, et je me chargerai de celui qui t'a envoyé ça à la rentrée, il recevra mes poings en pleine figure, il le mérite bien !

Paul, qui avait un an de plus qu'Émile et deux de plus que Jean-Baptistin, se chargeait souvent de leur protection dans la cour du collège Bourbon. Les deux « petits » n'étaient pas d'un naturel bagarreur, alors que Paul ne dédaignait jamais une bonne rixe si son honneur ou celui d'un de ses camarades était en jeu.

— Venise, souffla Émile, c'est la ville où est né mon père…

— C'est une cagade, cette histoire, conclut Paul pour sa part. Tu ferais bien de balancer ces deux feuilles et de venir piquer une tête avec moi !

Sur cette parole, Cézanne replongea aussi sec, aussitôt suivi par Jean-Baptistin. Les deux garnements jouaient déjà à s'attraper dans l'eau et à s'envoyer de grandes giclées en riant très fort.

Mais Émile continuait à faire la moue. Ses petites lèvres restaient serrées, il se les mordillait de l'intérieur, signe chez lui d'une profonde réflexion. Il avait d'ailleurs ce tic lorsqu'il écrivait ses ébauches romanesques.

— Un trésor, papa, dit-il à voix basse. As-tu caché un trésor quelque part, le fruit de tes différents travaux d'ingénieur en Autriche et à Paris ? Ce serait tellement formidable… Nous pourrions payer tes dettes et faire déguerpir Migeon une bonne fois pour toutes…

Devant lui, en bas du rocher, ses deux amis criaient :

— Émile avec nous ! Émile avec nous !

Ils lui lancèrent de l'eau. Heureusement, il avait eu la présence d'esprit de rempocher les feuilles. Et tant pis pour les dessins de Paul qui traînaient à ses pieds ! Cela délaverait les traits de fusain et donnerait du style à l'œuvre !

Il n'irait pas se baigner. Non, pas aujourd'hui...

— Un trésor, murmura-t-il à nouveau.

Puis il entendit une terrible voix tonner derrière lui :

— Cézanne, Baille ! Vous n'avez pas honte de vous ! Créatures du diable ! Pécheurs patentés ! Graines de Satan ! Vous baigner nus ! À votre âge ! Faut-il avoir l'esprit déviant !

Les deux baigneurs avaient immédiatement cessé leurs jeux.

Émile connaissait cette voix, bien entendu. Et il la redoutait un peu. C'était le prêtre Archangias, attaché à la paroisse de Saint-Jean-de-Malte, à Aix, et qui passait le plus clair de ses journées à parcourir la campagne tout autour de la ville, le regard enflammé, toujours prêt à se fâcher devant tel ou tel qui ne respectait pas strictement la religion. C'était d'ailleurs Archangias qui avait officié pour la première communion d'Émile, le 6 juin dernier.

L'homme d'Église s'était penché pour ramasser les esquisses que Paul avait commencées juste après le déjeuner. Les feuilles étaient tachées d'huile et sentaient encore l'ail et le levain.

— Et vous vous dessinez, évidemment ! De jeunes garçons nus ! Des baigneurs alanguis sur le sol...

Il eut le même petit rire que Puech avait eu la veille devant Émile, avant de se pencher sur le rocher pour regarder dans les yeux Cézanne et Baille.

— Fort heureusement, Cézanne, vous n'avez aucun talent et vos personnages ne sont pas réalistes... Et puis le dessin n'est pas un métier. Comptez sur moi pour en parler à votre père !

Il fit alors volte-face.

— Je vous ai entendu prononcer le mot « trésor », Zola ! Vous apprêtez-vous à ajouter le péché d'avarice à celui de paresse ? De quel trésor parliez-vous donc ?

Émile balbutia qu'il s'agissait d'une simple pensée venue de son imagination. Il n'allait pas mentionner l'enveloppe, évidemment. Mais son ton ne parvint pas à convaincre le frère, qui lui fit les gros yeux.

— Vous mentez, Zola ! Ce n'est pas acceptable de la part d'un de mes paroissiens...

Paul et Jean-Baptistin s'étaient hissés hors du trou et se rhabillaient en vitesse. L'adulte se lança alors dans un des sermons dont il avait le secret, où sa voix roulait comme le tonnerre et où de ses yeux perçaient des éclairs. Puis il finit par s'éloigner, en leur promettant une bien triste vie s'ils continuaient à se comporter de la sorte, si loin des préceptes de Dieu.

Le frère Archangias avait définitivement rompu le charme du moment, et les trois garçons décidèrent alors de rentrer chez eux et de terminer chacun de leur côté cette journée gâchée.

CHAPITRE 4

Émile rejoignit sa mère Émilie et ses grands-parents Louis-Étienne et Henriette dans la maison de campagne du pont de Béraud. C'était une grande bâtisse carrée de deux étages, surmontée d'une toiture plate à quatre pans avec génoise. Des fenêtres de sa chambre, Émile pouvait voir couler la Torse, un petit ruisseau adorable qui se nommait ainsi à cause des capricieuses sinuosités de son cours. L'intérieur était des plus modestes. Ce n'était plus le lustre d'antan, lorsque sa mère touchait encore les cent cinquante francs de pension liés à la construction du barrage et du canal dont son mari avait été l'ingénieur. Une œuvre architecturale ingénieuse, novatrice, célébrée par tous, qui permettait d'alimenter Aix en eau potable et d'éviter une autre épidémie de choléra. Mais la société, victime de quelques crapules, avait été déclarée en faillite au tout début de l'année et l'avenir s'annonçait de plus en plus rude. Henriette, la grand-mère, une femme très vive et très gaie, se retroussa les manches sans broncher lorsqu'on renvoya les domestiques. Le grand-père Louis-Étienne parla, à soixante-dix ans, de louer un four à pain pour y cuire de quoi subvenir aux besoins de la maison. Émile était choyé et ne manquait pas d'affection. En somme, il ne manquait de rien, sauf de l'amour de son père, trop vite parti.

Lorsqu'il entra, le jeune garçon ne put réprimer une petite moue. Il y avait des visiteurs. Deux pour être plus précis : Marius Daime et Jules Migeon. L'ami et l'ennemi de la famille. « Le gentil et le méchant », pensa-t-il de façon binaire, comme on classait les personnages dans les romans d'aventures dont il se régalait jour et nuit. Ils avaient tous les deux travaillé sur le projet avec son père, sauf que, à présent, Marius les aidait tandis que Jules, qui avait repris la société, ne cherchait qu'à les dépouiller.

Migeon s'était assis devant la table et Henriette lui avait servi un verre de vin blanc. Daime, lui, était resté debout, accoudé à la cheminée, l'air fâché. Aucun des deux ne prit la peine de saluer le garçon.

— Mais, madame Zola, dit Jules, il faudra bien rembourser les dettes un jour ou l'autre. Vous êtes encore dans la force de l'âge. Et votre fils pourra aussi bientôt travailler. Comprenez... Il m'est impossible de rayer ce que vous me devez d'un trait de plume. Les sommes sont trop importantes.

Ce fut Marius qui répondit :

— Tu devrais avoir honte de réclamer cette dette qui ne servira qu'à t'enrichir encore plus. Tu as donc perdu toute honnêteté ?

Migeon brandit son verre avant de se lever et de coiffer son haut-de-forme parfaitement lustré. Émile ne souhaitait pas en entendre plus. Il eut un petit sourire pour sa mère et ses grands-parents, puis il se précipita dans l'escalier pour monter dans sa chambre.

— Comprenez, madame Zola, il faudra payer, ajouta Jules d'un ton docte. Et si ce n'est pas vous, ce sera votre fils, plus tard. Je saurai me montrer patient. J'étalerai votre dû. Il faudra me verser une somme chaque semaine jusqu'à atteindre la totalité. À moins que vous ne trouviez un jour un trésor !

Le jeune garçon glissa sur la dernière marche en entendant les paroles de Migeon. « Trésor » ? Avait-il bien entendu le mot « trésor » dans la bouche de cet insupportable bonhomme ?

Il entra dans sa chambre, claqua la porte et se jeta sur son lit. Il resta quelques instants la tête enfouie dans un gros oreiller de plumes, versant là les larmes qu'il se refusait toujours à verser en public, devant sa famille et ses camarades.

Puis il pensa à sa mère Émilie, si courageuse dans l'épreuve, à Jeanne et à son chapeau rose, à Paul et Jean-Baptistin. Il se leva, essuya ses yeux et ses joues, et vit à nouveau très distinctement son petit bureau en chêne sur lequel s'éparpillaient des feuilles couvertes de son écriture. Migeon, Puech, Archangias et les autres, ah ça oui, quand il aurait acquis plus d'expérience, il ne se priverait pas de leur rendre hommage dans ses romans ! Et de belle manière avec ça ! Il s'en occuperait de ces hommes réclamant de bons principes chez les autres qu'ils ne s'appliquaient pas à eux-mêmes ! Oui, ils pouraient tous se reconnaître dans tel ou tel futur chapitre, lorsqu'il se sentirait assez fort pour commencer un roman digne de ce nom. Mais patience, patience, il fallait encore lire avant, et observer son monde avec vigilance et acuité.

La pensée de l'écriture, qu'il ressentait comme une puissante vocation, lui apporta du réconfort et il se sentit tout à coup beaucoup mieux, serein.

Émile s'installa à son bureau et sortit l'enveloppe de la poche de son veston. Il déplia les deux feuilles devant lui, les observant à nouveau. Cet arbre dont il était l'aboutissement, et ce court texte à propos de l'ouvrier qui se cassait la figure du haut du clocher.

Il y eut des bruits provenant du rez-de-chaussée, un cri de sa mère, des chaises qu'on remuait. Migeon devait avoir quitté la maison. Marius allait certainement rester cette nuit avec eux.

Émile alluma une bougie alors que le soleil régnait encore en maître dans le ciel bleu. Mais il voulait observer les papiers dans les moindres détails et voir si, par transparence, il ne pouvait y déceler un quelconque indice qui lui aurait échappé à l'œil nu.

Mais il ne trouva rien.

Était-ce vraiment, comme Paul le suggérait, une simple blague de collégien ?

Émile n'arrivait pas à se le figurer. Il était question de Venise dans le texte, la ville de naissance de son père. Tout tournait autour de son père. Mais d'ailleurs, d'où provenait ce court texte ?

Pendant le dîner, il questionna sa mère et ses grands-parents sur l'histoire de cet ouvrier, sans mentionner l'épisode du jardin de la rue de la Mule-Noire et de l'étrange créature. Mais il n'obtint aucun renseignement. Il ne vivait pas dans une famille de lettrés, d'intellectuels, et puis surtout, et il le comprenait, les adultes avaient bien d'autres soucis en tête depuis la visite de Migeon.

Allongé sur son lit, dans sa chambre enfin plongée dans l'obscurité de la chaude nuit aixoise, Émile se tourna et se retourna. Et si cette enveloppe l'amenait vraiment à la découverte d'un trésor ? Un trésor qui lui permettrait de régler une bonne fois pour toutes les dettes de la famille et qui remettrait sa pauvre maman sur la voie de la sérénité ?

« Compléter cet arbre, c'est trouver le trésor de ton père. »

C'était écrit noir sur blanc au dos de l'arbre. Et Émile croyait en la force et en la vérité des mots.

Il était tard, près de onze heures, lorsqu'il allait enfin s'endormir. Mais il entendit un bruit violent sur un de ses volets restés entrouverts. Il se leva d'un bond et regarda par l'interstice.

Il ne vit rien tout d'abord.

Et puis Paul ensuite, là, Paul, en bas, dans le petit jardin de derrière. Il devait être passé par le petit pont au-dessus de la Torse, un peu à l'ouest.

— Qu'est-ce que tu fais ici ? demanda Émile dans un cri chuchoté.

— Viens m'ouvrir ! dit l'apprenti peintre. Ce n'est peut-être pas une plaisanterie après tout, ta créature fantastique. Je crois que j'ai trouvé à quoi fait allusion son texte mystère !

CHAPITRE 5

Émile dévala les escaliers, et tant pis pour le bruit ! Cependant, cela eut l'air de ne gêner personne. Son grand-père ne s'arrêta pas de ronfler à en faire vibrer la maison tout entière, et il ne reçut de remarque d'aucune sorte.

Il déverrouilla la porte de la grande pièce de vie qui donnait sur le jardin, et Paul faufila aussitôt sa mince carcasse à l'intérieur.

— Un coup de pot inouï, mon camarade ! lança-t-il.

Émile lui proposa de s'asseoir, mais son ami était bien trop excité pour le vouloir. Même ses épais sourcils très noirs s'agitaient en tous sens sur le bas de son front immense.

Il avait couru depuis son domicile. Il était haletant et en nage. Il prit quelques instants afin de discipliner son souffle.

— Écoute-moi… Lorsque je suis rentré après l'intervention d'Archangias – que le diable lui brûle ses douze orteils, à celui-là –, mon père était en train de lire tranquillement son journal dans son horrible fauteuil blanc à fleurs, tu vois ?

Zola hocha la tête.

— Bien... Il avait l'air tellement absorbé dans sa lecture, mon Louis-Auguste, que je me suis assis devant lui sans même qu'il remarque ma présence et que j'ai commencé à le dessiner au fusain... Et puis, évidemment, en tournant une page, il s'est aperçu que j'étais là, et Louis-Auguste n'est pas resté auguste plus longtemps. Il m'a dit qu'il ne tolérait pas que je le représente, qu'il me l'interdisait comme on interdit aux Arabes de dessiner leur Dieu, que s'il devait être un modèle, c'était un modèle pour ma vie d'adulte et non pour un de mes dessins d'enfant... Bref, j'ai continué, comme si ses paroles m'étaient parfaitement inaudibles, et alors il a roulé son journal, s'est levé et s'est dirigé vers moi, bien décidé à m'asséner un coup avec sa matraque de papier !

— Tu as fui, j'espère ? demanda Émile.

— Et comment ! Il n'a dû faire du mal qu'à quelques mouches, et encore, je n'en suis pas certain ! Il m'a envoyé le journal à la figure tandis que je me retournais, et c'est en le ramassant que j'ai eu la certitude d'avoir trouvé la solution à l'énigme de ton enveloppe...

Il sortit une coupure du journal de la poche de son pantalon de toile.

— Regarde ! Ou lis plutôt !

C'était une brève de quelques lignes seulement.

Miracle à la villa Plassans

Le 3 juillet dernier, un ouvrier zingueur du nom de Coupeau a manqué se tuer en glissant du point culminant de la villa appartenant à notre bon et très croyant M. Faujas. Le malheureux a chuté de plus de quinze mètres avant de pouvoir se rattraper à une de ces délicieuses petites figures de saints sculptées dans la pierre qui ponctuent la façade de la villa Plassans, celle de saint Marc. Le frère Archangias, qui a assisté à l'incident, a évoqué un miracle et a assuré qu'il dirait sa prochaine messe en l'honneur de saint Marc, protecteur de la ville, de ses habitants et de ses ouvriers.

— Cet article, là, il vient de *L'Événement* ? demanda Émile en relevant la tête.

C'était le nom du journal que lisait le père de Cézanne, journal fondé par un certain Victor Hugo, qu'Émile, Paul et Jean-Baptistin adulaient. Émile s'en faisait un modèle comme inaccessible, un dieu. À côté, Balzac était un homme. Un grand homme, mais un mortel.

— Non, tu penses ! C'était dans *Le Mémorial d'Aix*. Mais tu as lu ! Ça ne peut pas être une simple coïncidence... La chute de ce Coupeau, la figure de saint Marc ! Ta créature, elle cherche à nous envoyer vers la villa Plassans...

— Oui, mais pourquoi alors ne pas m'avoir glissé l'article dans l'enveloppe ? Pourquoi cette page arrachée d'un livre ?

— Eh bien, parce que ta créature, elle sait que tu es loin d'être idiot, tiens ! Et elle n'a pas idée que nos deux intelligences réunies, plus celle de Baille, si ses parents ne l'emmènent pas loin de chez nous pour les vacances, vont faire encore plus d'étincelles !

Émile approuva.

— Tu as raison. Un trésor, ça se mérite !

Paul lui sourit.

— Parce que tu y crois, alors, à ce trésor ? Tu es prêt à l'aventure ?

— Je voudrais surtout connaître la provenance du texte trouvé dans l'enveloppe, tempéra Émile. Ce serait un indice.

— Ça, on n'en sait rien encore, mais c'est sûrement en se rendant là-bas qu'on parviendra à recoller toutes les pages, mon camarade !

— Quoi ? Ce soir ? À cette heure ? Mais il est trop tard !

— Justement ! On va profiter de la nuit ! On va jouer aux chats ! On pourra voir sans être vus...

— Et si on croise Archangias, qui a l'air d'avoir ses habitudes à la villa ? Et si nos parents...

Paul le coupa :

— Écoute, Émile. Tu n'arrêtes pas de me seriner à longueur de temps que je dois me détacher de mon père, que je ne dois plus prendre en compte ses fureurs à l'idée de me savoir artiste... Je t'écoute, je m'améliore à ce sujet... Et toi, tu me dis craindre la réaction de ta mère à l'idée que son fils s'offre une petite promenade nocturne entre copains dans la campagne autour de sa ville ?

La tempête se leva dans le crâne d'Émile. L'offre était bien trop tentante pour la refuser même si, en toute rationalité, il se demandait bien ce qu'ils pourraient faire une fois sur place, du haut de leurs douze ans et en ignorant s'il y avait réellement un lien entre l'enveloppe et le lieu.

Allait-il se décider à monter se changer ?

Paul s'impatientait et prit la direction de la porte.

— Toi, je ne sais pas ce que tu fais, mais moi, je me fiche de l'heure, je vais faire un tour à la villa Plassans pour voir ce qu'il en est.

Évidemment, Émile partit avec lui.

CHAPITRE 6

Émile et Paul partirent donc le long de la route de Vauvenargues, seulement armés d'une petite lanterne et de leur soif de découverte.

Ils ne croisèrent personne à cette heure avancée de la nuit et, au bout d'un tour de cadran tout de même à suivre le cours de la Torse puis du petit ruisseau du Prignon, ils arrivèrent aux abords du village de Saint-Marc, là où se situait la villa Plassans, but de leur échappée nocturne.

La grande bâtisse appartenait à M. Faujas, un riche homme d'affaires de Besançon qui venait passer les mois d'été dans le Sud. Émile et Paul savaient l'homme très influent, ami des puissants de la ville et très proche de Napoléon III. Il venait là dès la mi-juin en compagnie de sa vieille mère, toujours vêtue de noir et qui ne sortait jamais de la villa.

Les deux aventuriers eurent un peu de mal à se repérer dans la nuit mais finirent par trouver les limites de la propriété, située au nord-ouest du village. Avant de passer aux choses sérieuses, ils firent halte au cœur d'un bosquet de plantes aromatiques.

Cela sentait fort le thym et le romarin. Il faisait encore chaud, très chaud même.

— Entre ces herbes, j'ai l'impression d'être un gigot en train de cuire, dit Cézanne. Et puis j'ai très soif.

— Tu boiras bientôt l'eau de la vérité, répondit Émile, devenu espiègle. Tu verras, c'est celle qui désaltère le plus sûrement.

Comment allaient-ils procéder pour s'assurer que la créature mystérieuse souhaitait bien les voir se rendre à la villa Plassans ?

— Il faut tenter d'y pénétrer pendant le sommeil des propriétaires, dit Cézanne.

— Oui, mais nous ne savons rien sur la villa... Elle pourrait par exemple être gardée par quelques chiens voraces...

L'apprenti peintre approuva :

— Tu as raison, ne nous jetons pas dans la gueule des cerbères s'ils existent. Commençons par observer.

Ils reprirent leur avancée et trouvèrent alors un endroit qui offrait une vue dégagée sur le devant de la villa Plassans, un petit surplomb entre terre et roches d'où s'élevaient quelques genévriers de taille moyenne.

La demeure était magnifique. D'une taille immense, on eût dit un couvent. La façade, modestement éclairée par le croissant de lune, laissait entrevoir la richesse de ses sculptures. « C'est un homme riche avec du goût, pour une fois », pensa Émile. Devant la lourde porte de bois brillait une lanterne, et ils distinguèrent également une faible lumière à l'une des fenêtres. M. Faujas ne devait pas encore être couché.

Ils ne notèrent pas présence d'un quelconque animal de garde. Ils ne perçurent aucun aboiement.

— Bon, on fait quoi, maintenant ? demanda Paul.

Mais Émile lui intima l'ordre de se taire car il venait de voir la porte de la villa s'ouvrir. Les deux camarades se trouvaient assez loin, mais on ne se montrait jamais trop prudent dans ces situations.

Faujas raccompagnait ses hôtes du soir. Et ce fut un choc pour Émile que d'apercevoir, sur le pas de la porte, le propriétaire des lieux, accompagné de sa mère, serrant avec empressement la main de Jules Migeon, l'ennemi de la famille, qui se trouvait attablé chez eux seulement quelques heures auparavant. Migeon et... le frère Archangias, le ventre encore plus tendu qu'à son habitude, qui avait dû faire une sacrée bombance pour le dîner.

— Que le diable décroche la lanterne et que la flamme brûle la robe de bure de ce damné d'Archangias ! pesta Paul.

Émile, au comble de l'étonnement, ne répondit pas.

— L'autre, tu le connais ? demanda son acolyte.

— Oui, c'est Migeon. Je t'en ai déjà parlé. Il a travaillé avec mon père. Ce bourgeois de première catégorie nous réclame de l'argent alors qu'il est déjà bien riche. Ça ne m'étonne pas qu'il fricote avec Faujas et Archangias, en réalité...

Tout ce beau monde se salua, mais seul Migeon marcha le long du sentier de gravier pour sortir de la propriété. Archangias entra à nouveau dans la villa en compagnie de Faujas et de sa mère.

— On va attendre qu'ils se couchent, que toutes les lumières s'éteignent, et puis on entrera.

Émile réfléchissait. Que pouvait bien faire Migeon en ce lieu ? Simple coïncidence ? Comme quand il avait évoqué un « trésor » devant sa mère ? Il n'y croyait pas. Tout était lié à l'enveloppe, à la créature. La présence de Migeon laissait penser à Émile qu'il se trouvait au bon endroit. Et peut-être même au bon moment.

— Mais on cherche quoi, en somme, dans la maison ? demanda l'apprenti écrivain.

Paul balaya cette remarque d'un geste de la main.

— Une autre enveloppe ? Ta créature ? Le livre dont est issue la page qui évoque l'ouvrier ? Rien, peut-être... répondit-il, impatient.

Les lumières s'éteignirent au bout d'une heure. Les domestiques devaient enfin avoir terminé de débarrasser la table. Archangias n'était pas ressorti, il devait dormir sur place. Cézanne bâilla, s'étira, puis se leva. Émile l'imita. Ils se dégourdirent les jambes. Il était temps d'y aller. Et de se montrer très prudents.

— C'est un peu fou, tout de même, dit Zola. Si on se fait prendre, je vais entendre causer du pays...

Mais Paul avait déjà passé la clôture de bois et il progressait silencieusement, tel un chat, vers le perron maintenant plongé dans l'obscurité de la villa Plassans. Des papillons de nuit aux antennes plumeuses virevoltaient au-dessus des deux garçons, accompagnant leur avancée avec leur bourdonnement.

Émile rattrapa son retard, ne voulant pas être en reste dans cette affaire dont il était tout de même le principal protagoniste. Il se coula près du mur principal, avançant vers la porte à pas comptés. Il actionna la poignée. Évidemment, la porte était fermée.

Paul ne dit rien mais lui fit comprendre par un geste circulaire de l'index qu'ils devraient faire le tour pour trouver une autre entrée, sur l'arrière de la maison.

Ils reprirent leur marche, les pieds légers, tels des funambules. Là, ils étaient à même de voir plus distinctement les figures de saints gravées sur la façade. Il y avait aussi des gargouilles de pierre pour terminer les gouttières et d'autres représentations de bêtes mythologiques. Cela conférait à la villa Plassans un aspect délicieusement effrayant. Émile et Paul n'éprouvaient pas la moindre angoisse, cependant. Ils n'étaient pas loin de considérer cette escapade comme un jeu, ou comme un épisode d'un de ces récits d'aventures dont ils raffolaient tous deux sur le papier.

Ils distinguèrent alors une autre porte, sur l'arrière de la demeure. La porte de service, réservée aux domestiques. Ils s'arrêtèrent un instant car Émile avait cru voir apparaître une lueur mais il s'était trompé. Alors ce fut Paul qui mit la main sur la poignée. Cette fois, la porte s'ouvrit et ils se retrouvèrent dans la cuisine de la villa Plassans, entre deux fourneaux, une grande table de bois recouverte de diverses victuailles, et plusieurs armoires contenant des ustensiles et de la vaisselle.

La cuisine, déjà, donnait une bonne idée de l'opulence de la demeure.

— Dommage que l'on ne possède pas de plan, chuchota Émile.

Paul le rabroua. Ils devaient se montrer économes en paroles. Mais l'apprenti écrivain aimait à dessiner des plans pour se représenter les lieux des histoires courtes dont il était l'auteur.

Ils décidèrent de ne pas se séparer. La chasse aux indices commençait. La première enveloppe était-elle bien, comme les deux garçons le pensaient, le début d'un jeu de piste sur les traces d'un trésor ? Auquel cas, ils devaient trouver en ces lieux une deuxième enveloppe. Mais la vie n'était jamais aussi balisée que pouvait l'être un roman, alors...

Ils traversèrent la cuisine, laissant sur leur gauche ce qui ressemblait à la partie de la maison réservée à la vie des domestiques. Au bout d'un court couloir, ils entrèrent dans le salon et, aussitôt, une forte odeur de tabac à pipe leur monta aux narines. « Le même que celui de Louis-Auguste », pensa Cézanne. Émile, mû par un réflexe, se dirigea vers la riche bibliothèque. Une pâle lueur lunaire éclairait les dos des volumes, qui se voyaient habillés pour l'occasion de multiples nuances de gris.

Il y avait peut-être, sur ces rayonnages, un volume dont la page deux cent trente-deux avait été arrachée. Mais par où commencer ? Et sans faire de raffut ?

Paul, lui, furetait à l'autre bout de l'immense pièce, zigzaguant entre les lourds fauteuils, les canapés et les boudoirs, de quoi tenir salon avec le village entier !

Quelle audace, déjà, d'être dans une propriété privée en pleine nuit ! Galvanisés par cette pensée, les deux aventuriers se jurèrent d'avoir le cran d'explorer toutes les pièces, et même les chambres si leurs occupants y dormaient assez profondément.

Émile rejoignit Paul, jugeant l'exploration de la bibliothèque impossible. Ils se dirigèrent tous deux vers une porte située dans le fond de la pièce, près de la cheminée. Plus ils s'approchaient, et plus l'odeur de tabac était prégnante.

Et puis ils virent cette porte s'ouvrir et claquer contre le mur. Émile eut le réflexe de bondir dans un coin d'ombre, près de la cheminée.

Le corps massif du frère Archangias apparut alors. Il tenait, dans sa main droite, un chandelier qui diffusait une vive lumière et, dans la gauche, un pistolet pointé très précisément sur la poitrine de Paul Cézanne.

CHAPITRE 7

Le garçon resta immobile. Il se mordit les lèvres de rage et de peur mêlées.

En reconnaissant l'intrus, Archangias eut ce même petit ricanement que dans l'après-midi.

— Je savais bien, dit l'homme d'Église à voix basse, avant de continuer en criant : Ovide ! Ovide ! Levez-vous ! Nous avons la visite impromptue d'un de mes jeunes paroissiens…

Son sourire disparut aussitôt qu'il se pencha sur Paul.

— Ou plutôt d'un sale petit fouineur, siffla-t-il.

Émile, caché dans l'ombre de l'escalier, sentait son cœur battre à lui en déchirer la poitrine.

— Es-tu venu seul ? demanda Archangias. Aurais-tu eu cette bêtise ou bien es-tu accompagné par tes deux autres inséparables brigands ?

— Oui, je suis seul, déclara le garçon de sa voix la plus assurée.

Ovide Faujas sortit par la même porte. Il portait une robe de chambre similaire à celle d'Archangias et le même chandelier à la main.

— Qui est-ce ? demanda-t-il d'une voix pâteuse, encore endormie.

— Il s'appelle Cézanne. C'est une graine de vaurien, dont le père est pourtant banquier.

— Le nom me dit vaguement quelque chose... Mais es-tu certain qu'il soit nécessaire de tenir en joue ce gamin ?

— C'est que tu ignores de quoi il est capable !

Émile était au supplice. Que devait-il faire ? Sortir de l'ombre pour venir à l'aide de son camarade ? Quelle serait l'efficacité d'une telle mesure ? Et d'ailleurs, si Paul ne l'avait pas dénoncé, c'est qu'il comptait bien qu'Émile poursuive la tâche qu'ils s'étaient attribuée.

— Que fais-tu chez moi, jeune homme ? demanda Faujas d'un ton bien plus conciliant que celui adopté par le frère.

Paul répondit qu'il souhaitait simplement prendre l'air.

— D'air, tu n'en manques certainement pas, tonna Archangias. Tu es venu chasser le trésor, c'est ça ?

Mais l'apprenti peintre ne s'était pas contenté de répondre. Il avait tourné sur lui-même afin de se trouver face à son ami caché, contraignant donc les deux adultes à tourner le dos à Émile. Cela permit au fugitif de s'extraire de son coin d'ombre, de longer la cheminée et de sortir du salon par une porte dérobée.

Zola resta appuyé contre un mur un bref instant, afin de reprendre ses esprits. Il devait continuer, à présent, et il devait trouver pour que le sacrifice de Paul ait un sens.

Mais trouver quoi ?

Un escalier disparaissait dans les hauteurs de la villa. On n'en distinguait pas les dernières marches, plongées dans un noir total. Une intuition lui ordonna pourtant de monter. Il n'avait pas de lumière, il devait se diriger à l'aveugle. Il arriva sur le palier de l'étage. Il était trop éloigné, à présent, pour entendre les voix de Paul et de ses deux gardiens.

Quelle porte devait-il ouvrir ? Il y en avait plus d'une dizaine, parfaitement semblables...

Et derrière l'une d'entre elles, certainement, Mme Faujas, la vieille dame en noir, endormie. Émile poussa la première porte. Elle ouvrait sur une chambre vide.

Mais que cherchait-il, à la fin ?

Leur sortie nocturne virait au fiasco.

Et puis il y eut comme une lueur d'intelligence qui éclaira son esprit. Il se rappela la façade et les sculptures. Celles des saints et des monstres. Les saints, les visages souffrants de ces hommes ornaient la façade située en direction d'Aix, vers l'ouest. Et si saint Marc devait le guider jusqu'au bout ?

L'ouest... Émile se concentra. Le couloir remontait en direction de la montagne Sainte-Victoire, dont il apercevait la cime par l'une des fenêtres. Donc, il devait plutôt se diriger de l'autre côté de l'escalier, rebrousser chemin. C'était dans l'une des chambres du fond qu'il se trouverait le plus proche de saint Marc.

Il poussa une porte, puis une autre.

Il entra dans la troisième chambre. La lune s'y répandait et il distingua, sur la table de chevet à droite du grand lit recouvert de multiples édredons, un livre.

Et si...

Émile fit trois pas pour s'approcher. Il lut la couverture. *La Légende dorée*, de Jacques de Voragine. Il n'en avait jamais entendu parler. Alors il le prit, il le feuilleta, et aussitôt son esprit sagace distingua le mot « saint » figurant plusieurs fois par page. « saint André », « saint Hilaire », « saint Marcel », « saint Marcellin ». Ses mains se mirent à trembler. Il se rendit aussitôt à la page deux cent trente-deux. Il lut deux cent trente, puis deux cent trente-trois, mais rien entre ! La feuille de l'enveloppe avait bien été arrachée dans ce livre ! Et d'ailleurs, en approchant la reliure de ses yeux, il vit très distinctement la déchirure.

Paul avait vu juste !

Alors il continua à feuilleter le gros volume, et, quelques pages plus loin, il tomba sur une deuxième enveloppe blanche, de plus petite taille cependant que la première. Il la retourna et cette fois-ci y lut son nom.

C'était donc bien un jeu de piste !

Il n'allait pas l'ouvrir ici. Il devait tout d'abord sortir au plus vite, si possible en compagnie de Paul, et ensuite il serait temps.

L'apprenti écrivain décida d'emporter le livre avec lui. Il ne se sentait franchement pas très bien. Ses pas se faisaient hésitants. Il eut un vertige et se rattrapa à un guéridon. Mais, sur le guéridon, trônait un grand vase en cristal qui tomba et se brisa en mille morceaux dans un atroce fracas.

Émile sortit aussitôt mais, une fois dans le couloir, il entendit des bruits de pas provenant du rez-de-chaussée.

— Ça vient de la chambre de Clotilde ! constata Faujas, qui montait déjà l'escalier.

Archangias devait être resté dans le salon pour surveiller Paul.

Émile se concentra. Il devait fuir à présent, descendre l'escalier et sortir de la villa Plassans. Et en vitesse !

Une porte s'ouvrit dans le couloir et il vit Mme Faujas y passer la tête.

— Ovide ? appela-t-elle. Que se passe-t-il, mon fils ?

Émile n'hésita pas. Il surgit en haut de l'escalier, son livre dans les mains, et il sauta par volées de trois marches, croisant Faujas au milieu de sa montée. L'adulte se trouva éberlué devant ce second gamin surgissant de nulle part.

— Eh, toi ! lança-t-il.

Mais Faujas perdit l'équilibre et se retrouva à dévaler l'escalier sur le ventre. Dans la manœuvre, il avait lâché son chandelier et la bougie s'en désolidarisa aussitôt pour terminer sa course sous les rideaux d'une fenêtre du salon, qui prirent feu immédiatement. De puissantes flammes éclairaient à présent la pièce comme en plein jour.

— Par la sainte Barbe ! hurla Archangias, qui baissa enfin son revolver.

— Suis-moi ! cria Émile.

Paul ne se le fit pas dire deux fois et les deux garçons faussèrent compagnie à l'homme d'Église, qui était parti porter secours à Faujas, passablement sonné.

— Tu as trouvé quelque chose ? demanda Paul, une fois dans la cuisine.

Ils croisèrent une domestique, le visage encore ensommeillé, mais elle ne chercha pas à les attraper.

— Oui, souffla Émile. Tu avais raison sur toute la ligne.

Ils retrouvèrent enfin l'air libre, l'air chaud de ce Sud qu'ils aimaient tant, celui qui aurait toujours pour eux le parfum de la liberté.

Ils contournèrent la maison en courant toujours, et, en passant devant les figures des saints, Émile ne put s'empêcher d'adresser un amical signe de la main à saint Marc.

Puis ils regagnèrent leur bosquet et ne se retournèrent qu'une fois certains que personne ne serait en mesure de se lancer à leur poursuite.

Alors Paul chipa le livre des mains d'Émile pour en découvrir le titre, *La Légende dorée*, mais Émile lui tira la manche tout en désignant la villa Plassans.

Le feu avait pris dans la villa tout entière à présent. Le crépitement des flammes résonnait dans la clairière. Fort heureusement, tous les habitants semblaient s'être extraits sans encombre de la bâtisse et les deux garçons virent plus particulièrement Faujas et sa mère, réfugiée dans ses bras, puis Archangias, tous trois comme statufiés à quelques dizaines de mètres du brasier.

— Ce n'est pas ma faute, bredouilla Émile. C'est lui qui a fait tomber sa bougie.

— Ne te fais pas plus de bile que cela... souffla Paul. Nous avons réussi, c'est là l'essentiel.

— Et si le feu se propage à la végétation des alentours ? Aux collines ?

— Eh bien, on puisera dans l'eau retenue par le barrage de ton père pour l'éteindre ! Et puis je n'y crois pas... Il y a très peu de vent cette nuit et les dégagements sont importants autour de la villa.

Ils restèrent un temps, subjugués par cette scène inédite, cet embrasement final, toutes ces couleurs, cet orange et ce rouge, ce jaune à l'éclat doré, cette danse vulcanesque... Émile nota les motifs et Paul les couleurs.

Ils avaient réussi, oui, mais à quel prix ? Probablement au prix d'une visite des gendarmes dès le lendemain matin chez leurs parents.

— Nous avons encore une bonne heure de marche, dit Émile.

Ils levèrent le camp tandis que, derrière eux, la villa Plassans exhalait les dernières bouffées de fumée de l'incendie. Dès lors, ils ne ressentirent plus l'haleine chaude de ce brasier, qui cessa de souffler sitôt qu'il eut digéré sa dernière pitance de bois noble et de riches tissus.

CHAPITRE 8

Une fois de retour dans leurs demeures respectives, et malgré leur grande fatigue, Émile et Paul ne fermèrent pas l'œil de la nuit. Émile avait dissimulé le précieux livre dans l'armoire à linge de sa chambre, sous une pile de draps.

Cette fois, l'apprenti écrivain avait ouvert l'enveloppe seul. Il y avait trouvé trois petits rectangles de papier, comportant le nom de ses ancêtres et qui allaient servir à compléter l'arbre primitif confié par la créature dans le jardin de la rue de la Mule-Noire. Et puis il y avait une nouvelle page arrachée au livre et parlant d'un saint. La suite du jeu de piste.

Les aventuriers craignaient tous deux que l'on ne vienne tambouriner à leurs portes au petit matin et que les gendarmes débarquent pour leur demander des comptes. Ils passèrent leur nuit dans l'angoisse qu'Ovide Faujas ou le frère Archangias aient déposé plainte auprès des autorités, accusant les deux enfants d'être les responsables de l'incendie qui avait détruit la villa Plassans.

Au petit matin, lorsque Émile entendit les premiers bruits de la maison, sa grand-mère qui descendait à pas feutrés préparer le café, et lorsqu'il vit la pâle aurore à travers les fentes de ses volets, il se dit que son heure était arrivée et qu'il avait été fou, au fond, d'écouter Paul et de se lancer dans ce jeu de piste idiot.

Mais personne ne frappa à la porte. De toute la matinée, il ne vit le képi d'aucun gendarme. Émile en déduisit que Faujas ne voulait pas mêler la gendarmerie à ses affaires. C'était souvent le cas, avec les bourgeois. Ils préféraient faire leur propre justice. Et cette pensée le fit frémir autant, sinon plus, que la venue des autorités. Car Faujas était puissant, Archangias revanchard, et si on ajoutait la présence de Migeon la veille au soir dans la villa, on obtenait un mélange des plus corrosifs pour dissoudre le peu de confiance qu'il venait de reprendre.

Dans sa famille, personne n'avait remarqué son absence nocturne. Bien entendu, il n'en dit rien, et, dès la fin de la matinée, il annonça qu'il partait se baigner avec Paul et Jean-Baptistin. Il avait hâte de faire le point sur la situation avec les deux seules âmes en qui il avait véritablement confiance.

Ils se retrouvèrent près d'un trou d'eau non loin du Tholonet, en un lieu entouré de chênes verts et d'oliviers où Cézanne avait ses habitudes lorsqu'il souhaitait dessiner la nature et au sein duquel ils n'avaient jamais rencontré Archangias.

Jean-Baptistin eut droit au récit à deux voix des aventures de la villa Faujas. Lorsque Émile et Paul eurent terminé, sans la moindre forfanterie dans leur récit, Baille était tout frissonnant.

— Vous êtes de sacrés hommes ! dit-il.

Émile avait apporté le volume ainsi que la deuxième enveloppe, et ils concentrèrent tous trois leur attention sur le second passage tiré de *La Légende dorée* de Jacques de Voragine, cette fois illustré d'une image représentant un saint avec son bâton. Ce livre se présentait sous la forme de courts récits évoquant chaque fois la vie et la mort d'un saint de l'Église catholique.

Puis il vint au-devant des soldats, qui, sans le reconnaître, lui demandèrent s'il ne savait rien d'un étranger nommé Placide, ayant une femme et deux fils. Il répondit qu'il n'en savait rien ; mais il les pria d'être des hôtes ; et, leur cachant ses larmes, il les servait de son mieux. Et eux, le considérant, se disaient : « Combien cet homme ressemble à celui que nous cherchons ! » Et l'un d'eux dit à l'autre : « Voyons un peu s'il a sur la tête une cicatrice, comme Placide en avait une à la suite d'une blessure. » Ils découvrirent la cicatrice, et, certains désormais d'avoir retrouvé l'homme qu'ils cherchaient, ils se jetèrent dans ses bras et l'interrogèrent sur sa femme et ses fils.

— Il va falloir encore se remuer sacrément les méninges, soupira Jean-Baptistin.

Émile n'avait eu aucun mal à trouver la place des trois rectangles contenant les noms de ses quatre grands-parents.

Mais quel pouvait donc être le but de tout ceci ?

— Tu as entendu comme moi, dit Cézanne. Archangias a reparlé du trésor de ton père tandis qu'il me visait avec son arme à feu... On va finir par le croire, que ton père a caché un trésor quelque part... Et puis il a aussi évoqué la chambre d'une certaine Clotilde, c'est celle où tu as trouvé le livre, non ?

Émile ne dit rien. Il n'arrivait pas à desserrer les mâchoires. Il se montrait fort soucieux. Se remuer les méninges pour partir à la recherche de la troisième enveloppe, certes, mais auraient-ils à nouveau la chance de tomber sur un article de journal comme pour la deuxième ?

Baille feuilletait le gros volume en émettant quelques sifflements. Le livre comportait des gravures dont certaines, très sanglantes, montraient sans la moindre censure les tortures subies par plusieurs figures saintes.

Puis le cadet poussa un cri. Il sortit un marque-page trouvé à peu près au milieu du livre et qui avait échappé à l'observation d'Émile.

Il comportait un prénom, « Maxime », suivi d'une mention, « prix de catéchisme 1851, lycée Bonaparte, Paris ».

— Voilà de quoi nous mettre plus certainement sur la voie ! s'enthousiasma Cézanne.

Certes. Sauf que Paris était à plus d'une semaine de route en voiture. Et qu'il était impossible de s'y rendre sans l'appui d'un adulte, bien évidemment. Du reste, cela aurait été suicidaire.

— Attendons le moment opportun, dit Paul. Mon père y va de temps en temps pour ses affaires, ton père aussi, Jean-Baptistin. Et ta mère parfois, Émile. Nous demanderons à les accompagner pour rencontrer ce Maxime.

Que la vie semblait simple pour les grands esprits entreprenants !

Émile tournait et retournait le marque-page entre ses mains. Il lui semblait en effet tenir là plus sûrement un indice que cet arbre généalogique qui se complétait peu à peu et cette nouvelle page sur ce Placide.

Ce Maxime était-il le joyeux drille qui avait imaginé ce jeu de piste ?

Monter à Paris, oui. Tenter de prendre contact avec lui. Mais quel dommage de ne pas pouvoir reconstituer leur trio sur le pavé parisien !

— Il faut nous donner un point de ralliement, déclara Émile. Un endroit où celui qui arrivera à Paris le premier se rendra chaque jour au cas où l'un de nous serait parvenu à monter ensuite.

— Je propose le Louvre ! dit Cézanne. Deux heures de l'après-midi devant *Les Noces de Cana.*

Ils se tapèrent dans la main. Ils avaient tous les trois retrouvé un large sourire.

— Une fois sur place, il faudra aussi agir sous de faux noms, dit doctement Émile.

— Pourquoi de faux noms ? demanda Baille.

— Parce que c'est la règle dans les romans de Dumas et de Sue. Parce que cela préservera nos familles. Et parce que cette histoire est digne d'un roman.

— Émile, c'est ton idée, et puis c'est toi le romancier… s'enthousiasma Cézanne. Baptise-nous à nouveau comme il se doit !

L'apprenti écrivain ferma les yeux et se frotta le menton.

— Toi, Baille, tu seras Dubuche.

— Pourquoi Dubuche ?

— Et pourquoi pas ? Louis Dubuche, c'est très bien. Toi, Cézanne, tu seras Lantier. Jacques Lantier.

Émile secoua la tête.

— Non, plutôt Claude Lantier. Claude, comme l'empereur. Sur les traces de ton père…

— On se demande bien où tu vas chercher tout ça, dit l'apprenti peintre en riant. Et toi ?

— Eh bien, moi, ce sera Sandoz. C'est le nom de plume que je choisirai, un jour. Pierre Sandoz. Le prénom de celui qui a commencé à construire. Sand pour celle que j'admire, tout comme vous. Et puis pour le reste, un hommage au nom de mon père, par ces deux premières lettres inversées…

L'heure était moins grave que lors de leur arrivée. Ils se promirent à nouveau de faire tout leur possible pour se retrouver à Paris. Et puis alors ils se baignèrent. Émile, cette fois, ne fut pas le dernier à faire le pitre dans le trou d'eau.

Lorsqu'il rentra, vers six heures du soir, il trouva sa mère et ses grands-parents l'air très grave dans le salon de la maison. Toute sa joie s'en alla d'un coup et il se dit que les gendarmes avaient fini par passer et que ses parents étaient à présent au courant de ses exploits.

Ce fut Émilie qui rompit le silence pesant :

— Nos dettes s'accumulent, Émile. Je ne peux plus rester à Aix sans tenter quelques démarches d'importance. Je vais devoir monter à Paris.

Un sourire radieux illumina aussitôt le visage d'Émile.

— Je croyais que tu allais accueillir cette nouvelle avec moins d'entrain.

— C'est que je veux t'accompagner, maman.

Émilie fronça les sourcils.

— Toi qui aimes si peu la ville ! Et tes baignades avec Paul et Jean-Baptistin ?

— Elles attendront bien. Le soleil sera toujours aussi généreux au mois d'août. Tu m'emmènes avec toi, maman ?

Elle le prit dans ses bras en guise de réponse.

Le jeu de piste allait pouvoir continuer.

CHAPITRE 9

Émile et Émilie partirent deux jours plus tard, au petit matin, à bord d'une diligence qui quittait le cours Sextius à l'orée du jour. La voiture n'était pas des plus confortables, le trajet s'annonçait long et pénible, mais la pauvre femme ne pouvait offrir mieux pour se rendre dans la capitale.

La veille, Émile avait emmené Jeanne dans les gorges de l'Infernet, non loin du Tholonet. Il lui avait tout raconté de ses découvertes et de son départ précipité à Paris. Jeanne avait trouvé cela formidable, très romanesque, et elle surnommait à présent Émile « mon aventurier ». Émile n'avait pas choisi cette balade-là au hasard. Avant de s'en éloigner, il voulait revoir l'œuvre de son père, le motif de leur venue à Aix-en-Provence, la raison aussi de leurs soucis actuels : ce fameux barrage et le début du canal qui alimentait la ville d'Aix en eau saine. Oh, il n'était pas particulièrement beau, évidemment, ce grand mur gris qui jurait sur les couleurs vives du paysage tout autour, il n'avait certes pas le charme d'un palais de la Renaissance ou d'une église romane, mais il était l'œuvre novatrice de son père, qui avait osé utiliser un mur voûté et non un mur plat, ce qui permettait de répartir la poussée de l'eau sur les flancs de la vallée. Peut-être qu'un jour l'édifice porterait le nom de son père, le sien. Il comptait bien y œuvrer plus tard, lorsqu'il aurait réussi, par la force de sa plume, à user de quelques influences auprès des puissants de ce monde.

À quelques jours de continuer la recherche du trésor de François Zola, il se dit, non sans un peu de prétention, que ce père lui avait déjà légué tout ou partie de son intelligence.

Ils restèrent devant le barrage une petite heure, assis sur un rocher, main dans la main, faisant fi du soleil et du mistral. Émile avait la tête qui brûlait, à la différence de Jeanne, qui avait gardé son chapeau rose. Ce fut un moment heureux et délicat, et Émile savait qu'il vivait là des instants de calme avant la tempête parisienne.

Cette tempête, justement. Et la bruine, déjà, en arrivant aux alentours de Nemours, et qui ne les quitta plus jusqu'à leur débarquement à la porte d'Orléans. Mme Zola n'en pouvait plus, après plus d'une semaine passée entre les quatre parois de la voiture inconfortable et des chambres de relais de diligence pour la plupart miteuses.

— C'est la dernière fois qu'on fait pareil voyage, dit-elle à son fils en signant le registre d'une pension meublée située sur la montagne Sainte-Geneviève.

Depuis les fenêtres des deux pièces, Émile pouvait apercevoir le dôme du Panthéon, où reposaient pour l'éternité quelques-uns des grands hommes français.

« Hugo y viendra en son heure, pensa Émile. Et puis Dumas, Balzac, Musset, Sand… Aux grandes femmes, aussi, la patrie reconnaissante. »

Une fois reposée, Émilie se mit aussitôt en quête du notaire qu'elle voulait rencontrer pour lui exposer ses soucis. Elle ne voulait pas perdre son temps et son argent, qui étaient comptés, et cela tombait bien car Émile, lui aussi, était déterminé à trouver le Maxime à qui appartenait le volume de *La Légende dorée* qu'il avait apporté avec lui, le cachant au fond de son sac de voyage avec quelques autres romans qu'il avait dévorés dans la diligence.

— Ne commets pas d'imprudences en mon absence ! dit Émilie en ajustant son chapeau dans le miroir. Si tu sors, reste dans le quartier, va te promener au jardin du Luxembourg mais ne t'éloigne pas trop.

Émile approuva et partit quelques instants seulement après sa mère.

Il retrouva les rues de Paris. La bruine avait cessé, mais les pavés étaient encore luisants.

Quel contraste avec la calme Aix-en-Provence ! Quel fourmillement ici, dans ces rues étroites qui grouillaient de monde ! Et que de cris, partout, partout, que d'ordures et de sales odeurs aussi !

Émile était né à Paris, au 10 bis de la rue Saint-Joseph, dans le quartier de la Bourse. Il était parti à Aix lorsque son père avait été chargé de la construction du barrage. Il avait trois ans. Il avait donc appris à parler dans la capitale et ne possédait pas, à l'inverse de Paul et Jean-Baptistin, le fameux accent du Sud. D'ailleurs, pour les autres pensionnaires du collège Bourbon, il était « le Parisien », terme qui sonnait là-bas comme une insulte. Ils ne le considéreraient jamais comme l'un des leurs.

Émile se sentait-il alors parisien ? Ni plus ni moins. Il se voyait déjà citoyen de France, citoyen d'Europe et du monde même. Lorsqu'on souhaitait embrasser comme lui la carrière d'écrivain, on devait se situer au-dessus de toutes querelles de chapelle. D'autant que son père était d'origine italienne, né à Venise, et que sa mère venait de la Beauce, une belle campagne.

Combien de fois se moquait-on aussi de son nom, Zolla avec deux « l », *zolla*, la motte de terre. Il n'avait pas eu le temps d'aimer ou de détester la capitale mais il comptait bien revenir y vivre pour devenir écrivain, un jour, bientôt. C'est à Paris que l'on doit faire ses lettres, sur les traces de Victor Hugo, Honoré de Balzac et Alexandre Dumas.

Émile avait donc la journée devant lui. Il marcha sans s'arrêter jusqu'au lycée Bonaparte, son sac de voyage à la main qui ne contenait plus que le volume de Jacques de Voragine et une casquette.

Il pensait à la suite de sa chasse au trésor, sans perdre une miette des multiples saynètes qui se déroulaient tout le long de son périple. Ici, une querelle entre un chiffonnier et des gendarmes aux abords de la Seine, là, un vendeur de cartes postales qui alpaguait le bourgeois, et puis des peintres, près du Louvre, qui avaient ressorti leur chevalet pour offrir à leurs toiles la perspective du jardin des Tuileries.

Le lycée impérial Bonaparte se situait tout près de la nouvelle gare Saint-Lazare et Émile se perdit d'ailleurs, remontant vers la gare et sa verrière, qu'il jugea magnifique, avant de demander son chemin et de trouver l'entrée du lycée.

Le bâtiment en imposait avec ses colonnes, ce n'était pas Bourbon, ah ça non ! Et les cours de récréation, les anciens cloîtres du couvent des Capucins de la chaussée d'Antin apportaient véritablement de la solennité au lieu.

Émile avisa un surveillant qui se trouvait là.

— Excusez-moi, monsieur…

L'autre fit volte-face. C'était un géant à l'épaisse moustache rousse et coiffé tout en brosse.

— Tu es en retard, gamin ! le tança-t-il. Et le collège, ce n'est pas ici !

Émile expliqua la raison de sa venue. Un certain Maxime, élève au lycée, avait oublié son livre quelque part. Il aurait aimé le lui rapporter.

— C'est une bonne action de ta part, dit le surveillant. Mais les Maxime, ici, il y en a treize à la douzaine. Tu n'as pas son nom de famille ?

Émile secoua la tête. Le surveillant, attendri certainement par ce gamin, l'emmena vers le bureau du censeur, où il ouvrit les registres. Il y avait deux cents élèves, il commença à faire descendre son doigt dans la colonne « Prénom » en lâchant des « Voyons, voyons... » et, dès qu'il trouvait un Maxime, il notait son nom de famille et son adresse.

— Il n'y a pas d'interne dans notre établissement, précisa-t-il. Il te faudra te rendre au domicile de ce Maxime.

Qu'y avait-il de mal ? Si un adulte lui avait demandé ces adresses, il n'aurait pas pris cette initiative, la laissant au censeur. Mais là, pour un garçon de douze ans qui semblait particulièrement inoffensif, il ne voyait pas le mal.

Au final, il y avait sept Maxime parmi tous les élèves. Émile empocha la liste en remerciant vivement le surveillant.

Il attendit d'être dans la rue, à l'abri des regards, pour la découvrir. Et il fut immédiatement saisi d'un vertige.

À côté d'un Maxime, il lut un nom qu'il connaissait fort bien : Migeon.

Le nom de l'ennemi de la famille. Ce ne pouvait être une coïncidence.

CHAPITRE 10

Que faire ? Que tenter pour avancer vers la vérité, son but, celui qu'ils s'étaient fixé avec Cézanne et Baille, la véritable raison de sa présence à Paris ?

Était-ce Jules Migeon l'instigateur de ce jeu de piste ? Migeon et ses complices Archangias et Faujas, à Aix ? Non, cela ne faisait aucun sens. Migeon, face à un trésor, chercherait à s'en emparer pour lui seul et ne laisserait pas un garçon de douze ans partir à sa recherche !

Maxime était sa seule piste si on exceptait le passage ésotérique de *La Légende dorée* à propos de ce Placide. Alors ? Devait-il se rendre à l'adresse de ce Maxime, à l'adresse parisienne de Migeon s'il s'agissait de son fils ? Émile ne parvenait plus à se rappeler si l'homme avait des enfants. « Ma mère n'a jamais mentionné cette éventualité », pensa-t-il.

Eh bien, il se rendit à l'adresse après s'être coiffé de sa casquette pour paraître un peu plus anonyme au cas où il croiserait Migeon.

Maxime habitait évidemment dans les beaux quartiers, rue Monceau, un grand hôtel situé entre cour et jardin. Les deux grilles dorées étaient flanquées de lanternes à gaz qui restaient allumées même en plein jour. Lorsque Émile débarqua dans la cour, avec sa casquette et son sac de voyage, il fut aussitôt alpagué par le concierge.

— Que fais-tu là, toi ? hurla le petit homme.

Aussitôt, Émile vit plusieurs visages de domestiques se coller aux vitres du grand hôtel.

— Je viens rapporter un livre à Maxime Migeon, dit-il avec aplomb.

Le concierge le jaugea, l'air sévère, puis lui ordonna de lui confier le livre. Il le donnerait ensuite au fils du maître.

— Non, dit Émile. Je veux le lui rendre en personne.

— Tu n'obtiendras aucune récompense, grinça l'employé de maison.

— Je ne suis pas un mendiant.

Le concierge hésita avant de dire :

— Tu vas me suivre et nous verrons bien.

Émile pénétra donc dans l'hôtel particulier et fut ébahi. Jamais il n'avait vu autant de richesse concentrée en des pièces aussi vastes. La villa Plassans, en comparaison, c'était un asile de pauvres ! Tout était brodé et doré, ici, les meubles, les tapis et les tapisseries grandioses, il n'y avait pas une volute de poussière, et une odeur agréable d'encens voletait dans l'air. Une idée fugace lui traversa l'esprit. Et si, au final, au bout de ce jeu de piste, le trésor était simplement l'exploration des milieux que lui apportaient ses aventures présentes ?

Alors il y aurait peut-être des espèces sonnantes et trébuchantes à la fin, mais déjà, là, que d'expérience acquise, que de matière vive pour ses futures œuvres !

Ils passèrent plusieurs pièces au pas de course avant que le concierge s'immobilise dans une serre située sur le jardin.

Derrière les vitres, on apercevait les premiers parterres du parc Monceau. Il y régnait une chaleur étouffante.

— Attends-moi là, je vais voir si monsieur Maxime veut te recevoir.

Il partit mais revint un instant après.

— Lequel de ses livres as-tu trouvé ?

Émile sortit le volume de son sac, mais, au regard du concierge, il sut que l'homme était incapable de lire le titre.

— *La Légende dorée*, précisa le garçon.

L'autre repartit et Émile se trouva alors seul. Il n'osa pas prendre place sur le petit divan qui se trouvait à côté d'un bassin couvert de nénuphars et de nymphéas. Le parfum d'encens n'avait plus sa place ici, il en émanait une forte odeur végétale, de terre et de fleurs, enivrante, qui avait presque les effets d'une drogue. Que de plantes, de fleurs et d'arbustes ! Quelle serre étonnante, c'étaient les tropiques en plein Paris ! Émile ignorait les noms de la plupart des espèces, mais il reconnut tout de même des orchidées à foison, des palmiers, un bananier sans fruits, des bégonias, des caladiums et puis, le plus près possible des tuyaux de chauffage, des plantes aux feuilles comme du velours, aux cloches violettes, des pieds de vanille aux gousses certainement mûres, et puis un hibiscus sur sa droite, immense, immense, tel un baobab.

Émile ôta sa casquette. Il avait chaud, il ne se sentait pas très bien. Et puis, au fond, tant pis si Migeon débarquait à la suite de ce Maxime !

— Alors, gamin ! entendit-il tonner.

Un jeune homme débarqua alors dans la serre, habillé d'un riche costume d'où pendait la chaîne d'une montre à gousset. Il n'y aurait pu avoir de plus fort contraste entre le côté malingre du nouvel arrivant et la formidable santé des plantes de la serre, de plus grande différence entre les couleurs des végétaux et la blancheur presque cadavérique du visage de...

— Maxime Migeon, dit-il, sans tendre la main néanmoins. Et toi, comment t'appelles-tu ?

Émile n'hésita pas :

— Pierre Sandoz.

— Baptiste m'a dit que tu possédais un livre à moi.

— Oui, je l'ai trouvé, dit-il en sortant à nouveau *La Légende dorée* de son sac de voyage.

Le jeune Migeon s'en empara aussitôt, le lui arrachant des mains. Mais ce geste brusque l'avait comme fatigué ; il dut s'appuyer contre le bananier pour reprendre son souffle et ses esprits. Il feuilleta alors le volume.

— Tu as déchiré des pages, dit-il.

— Je n'ai rien déchiré du tout. J'ai trouvé le livre tel quel.

— Où ?

Émile ne répondit pas. Il n'aimait pas du tout, mais alors pas du tout, le ton comminatoire de Maxime.

— Tu pourrais me remercier, lâcha-t-il.

L'autre releva les yeux.

— De quel droit uses-tu du tutoiement à mon égard ?

Il lâcha alors un éclat de rire en basculant la tête, d'une intensité telle que les nymphéas voguèrent anarchiquement sur la surface du bassin.

— Mais tu as raison, oui, je vais te remercier. Tu vas m'attendre ici quelques instants et je vais revenir avec ta récompense.

Émile éprouva un début de peur car les yeux de Maxime étaient à présent injectés de sang. On eût dit le jeune homme au bord de la démence.

— Je ne souhaite pas d'argent de ta part, continua Émile. Je voudrais plutôt que tu répondes à mes questions. Les pages arrachées m'étaient destinées. Est-ce toi ou bien ton père, ton oncle, je n'en sais rien, Jules Migeon, donc, qui se joue de moi avec ce jeu de piste ?

Maxime secoua la tête.

— Je ne comprends rien à ce que tu me dis. J'ai un oncle qui porte le prénom de Jules, oui. Le frère de mon père. Et après ?

— Je vais t'expliquer en détail, dit Émile.

— Oui, oui, mais tu vas attendre un peu. Je reviens tout de suite.

Et Maxime sortit en vitesse, son volume de *La Légende dorée* sous le bras.

Émile attendit alors, mal à l'aise. Et cinq minutes plus tard, tandis qu'il se demandait s'il ne devrait pas partir, si l'autre ne l'avait pas abandonné, il entendit un bruit de cavalcade dans l'hôtel particulier. Maxime débarqua alors, encadré par une dizaine de policiers en tenue, pantalon blanc, veste et képi bleus, armés de pistolets et de matraques.

— C'est lui, dit le jeune homme au visage de plâtre en désignant Émile. Pierre Sandoz !

Émile sentit ses jambes le lâcher.

— Ce gueux est un voleur, messieurs les agents ! Car oui, mon beau livre, je ne l'ai pas perdu, on me l'a volé !

CHAPITRE 11

Il fut impossible pour Émile de lutter.

Les policiers l'emmenèrent donc jusqu'à leur territoire, un bâtiment gris à un étage situé de l'autre côté du parc Monceau, où était gravée sur la façade de pierre l'inscription « Police générale ». Maxime avait suivi la troupe et, lorsqu'on jeta littéralement le garçon dans une cellule en compagnie d'ivrognes et de clochards patentés, il eut à nouveau un éclat de rire dément.

— Bien fait ! Bien fait ! cracha-t-il.

L'apprenti écrivain n'en menait pas large et retenait ses larmes avec courage, car il ne souhaitait pas laisser paraître sa faiblesse devant ce sinistre personnage albâtre. Du courage, que diable ! Il allait s'expliquer, argumenter, et il dirait qu'il avait trouvé le livre, qu'il ne l'avait pas volé.

Enfin... Quand il y pensait... Il l'avait tout de même un peu volé, ce livre de *La Légende dorée*, mais pas à Maxime, à Ovide Faujas plutôt, dans sa belle demeure partie en fumée.

Peut-être ferait-il mieux de se taire, au fond.

Mais qu'adviendrait-il alors ? S'il donnait son vrai nom, il devrait dire où se trouvait sa mère et elle viendrait le chercher derrière les barreaux. Quel rude choc pour la pauvre Émilie ! Et, s'il refusait de répondre aux questions, on l'enverrait certainement dans un orphelinat ou une pension et cela ne résoudrait en rien le problème.

Un officier vint le fouiller et, puisqu'il avait laissé son sac de voyage chez Maxime, il ne possédait avec lui que l'enveloppe contenant la page déchirée de *La Légende dorée*. Puisqu'il était question d'un livre religieux et d'une image d'un saint, l'agent la lui laissa avant de fermer définitivement la porte de fer avec fracas.

Émile se trouvait bien derrière des barreaux pour la première fois – et la dernière espérait-t-il – de son existence. Quel contraste avec l'opulence de l'hôtel particulier rue Monceau ! Ici tout était laid et gris et cela sentait les corps sales et le mauvais vin. Émile serait passé par un kaléidoscope de couleurs et d'odeurs durant cette matinée.

— On viendra bientôt s'occuper de toi, vint lui dire un agent.

L'ivrogne en face de lui éructa une insulte.

— Quelle honte d'arrêter notre jeunesse !

L'exclamation venait de l'homme assis à la gauche d'Émile. Lui n'avait pas l'air d'un mendiant. Il était habillé d'un bleu de travail, son crâne chauve recouvert d'une casquette. Il était petit et sec, avec des yeux très noirs. Sa principale différence avec les autres hommes de la cellule était qu'il souriait parfois. Tout du moins savait-il sourire. Il tendit la main à Émile, qui la prit, heureux, au fond, de ce contact humain.

— Moi, c'est Maheu. Ils m'ont arrêté parce qu'avec d'autres on a refusé de reprendre le travail ce matin. Faut nous comprendre, mais ces bourriques-là ne veulent pas. L'un des nôtres s'est écrasé la main dans une presse et les patrons n'ont pas voulu lui accorder une pension. Et toi, tu viens d'où ?

Émile se montra méfiant tout d'abord. Dans certains romans, il avait lu que des policiers faisaient exprès de se faire passer pour des prisonniers afin de faire parler les autres.

— Du Sud, répondit-il.

L'autre se fit songeur.

— Ah, le Sud... Moi je suis du Nord. D'Anzin. Ça ne te dit rien et c'est pas grave. Mais dis-moi, tu es un garçon pieux... Ce sont des images saintes que tu possèdes dans ta veste et que l'autre sagouin t'a laissées ?

L'apprenti écrivain hésita puis tendit la feuille à Maheu. Mais ce dernier dédaigna le texte.

— C'est un récit de la Bible ? demanda-t-il.

Émile corrigea la provenance du texte et lui parla dudit Placide, dans le texte.

— Je ne sais pas lire mais j'ai fait mon catéchisme. Placide, c'est le premier nom de celui qui deviendra saint Eustache. Je le sais d'autant plus que c'est l'église, près des Halles, où ma nièce s'est mariée juste avant qu'ils ne la ferment pour la retaper. On y venait souvent avec la Maheude et les enfants, le dimanche, après la messe, pour y prier.

Émile frémit. Devait-il considérer cette précision de son camarade de cellule comme un possible indice le menant à la troisième enveloppe ? Maheu lui demanda de lire le texte en entier, ce que fit Émile :

Et l'un d'eux dit à l'autre : « Voyons un peu s'il a sur la tête une cicatrice, comme Placide en avait une à la suite d'une blessure. » Ils découvrirent la cicatrice, et, certains désormais d'avoir retrouvé l'homme qu'ils cherchaient, ils se jetèrent dans ses bras et l'interrogèrent sur sa femme et ses fils.

Après le point final, l'ouvrier hocha la tête.

— Je ne sais pas ce qu'il est devenu, l'homme à la cicatrice, tiens.

— Quel homme à la cicatrice ? demanda Émile.

— Ces vieux textes sont étonnants. Devant l'église Saint-Eustache, il y avait un homme bossu au visage barré d'une grosse cicatrice qui jouait de l'orgue de Barbarie en compagnie de ses chiens et de ses chats. On lui laissait toujours une petite pièce avec la Maheude, ça nous faisait de la musique et les enfants dansaient un peu. Je ne sais pas ce qu'il a pu devenir avec la fermeture de l'église.

Placide, Saint-Eustache, un homme avec une cicatrice ! Le cœur de l'apprenti écrivain battait à tout rompre. Et si c'était lui qui détenait la troisième enveloppe ?

— Donne-moi immédiatement la page que tu portes sur toi, jeune Zola ! tonna une voix dans leur dos.

Émile fit volte-face. Cette voix, il l'avait reconnue. C'était celle de Jules Migeon. L'oncle n'avait pas tardé à rappliquer. Il était entré non par l'entrée principale mais par une porte sur le côté du poste de police. Il était accompagné d'un homme bedonnant habillé en civil, probablement le commissaire.

— Et qu'est-ce que tu as dit, toi ? continua Migeon en désignant Maheu du menton avec dédain. Tu as parlé d'un homme avec une cicatrice ?

— Tu dois faire erreur, je suis muet, ricana Maheu.

— Je commence à en avoir par-dessus la tête de cette histoire de jeu de piste et de trésor Zola ! pesta l'homme d'affaires.

Le commissaire venait de déverrouiller la porte de la cellule et y entra pour arracher la feuille des mains d'Émile. Le jeune garçon protesta. Mais l'essentiel était ailleurs. Il le connaissait par cœur, ce passage, il n'avait plus besoin de la page. Non, le plus important était ce que venait de déclarer Migeon. Il avait évoqué le jeu de piste, le trésor. Migeon participait donc aussi à la recherche de ce trésor. Mais c'est qu'il existait bien, alors ! Qui se cachait derrière ce jeu de piste si ce n'était pas l'ennemi de son père ? Qui donc s'amusait à les mener en bateau ?

— Le poulet est toujours du côté de l'argent, pesta l'ouvrier.

— Ta gueule, Maheu ! hurla le commissaire.

Puis tout alla très vite. La porte de la cellule était encore ouverte, tout comme la porte donnant sur la cour à l'arrière du bâtiment. Il n'y avait pas d'autres agents à l'horizon. Maheu se leva d'un bond et plaqua le commissaire contre la grille. L'autre, telle une balle molle, vint y rebondir en criant. L'ouvrier s'était aussi saisi d'une main de Migeon, l'agrippant à travers les barreaux.

— Allez, cours, petit, va ! souffla Maheu. À ton âge, on a besoin d'air pur. Tu m'as l'air bien trop innocent pour frayer avec des canailles comme nous !

Émile n'aurait pas de seconde chance. Il n'hésita pas et s'élança au-dehors du poste de police. En quatre enjambées, il se trouva dans la cour. Il entendit un coup de sifflet strident derrière lui. Alors il contourna le poste en courant, traversa la rue en évitant de peu une voiture tirée par deux chevaux et entra déjà à bout de souffle dans le parc Monceau.

La course-poursuite s'annonçait rude. Dommage que Paul et Jean-Baptistin ne soient pas à ses côtés pour la partager.

« Rude, mais surtout palpitante », pensa Émile.

CHAPITRE 12

Surtout, se concentrer sur sa course.

Émile savait courir, il ne se privait pas de le faire dans la garrigue, près des trous d'eau. La petite différence était que, aux environs d'Aix-en-Provence, les gendarmes ne lui couraient pas après.

Le jeune garçon avait une bonne longueur d'avance. Il devait en profiter pour trouver un refuge avant de perdre haleine. Se cacher à un endroit où les policiers se montreraient bien incapables de le trouver.

Il se trouvait dans le parc Monceau, presque à découvert ; ce n'était pas une brillante idée que celle d'avoir emprunté cette direction. Il devait sortir au plus vite du parc, se frayer un chemin dans les rues, dans la ville, au milieu des passants.

Derrière lui, il entendait toujours des sifflets. Cela allait alerter les gardiens du parc et tous les policiers qui se trouvaient devant lui, ce qui était le plus problématique dans sa fuite.

Ne pas penser à autre chose qu'à s'échapper, à se cacher. Garder le rythme. Et respirer.

Mais tout de même... Migeon qui chassait le trésor dans l'équipe adverse... C'est que son père François Zola avait donc bien laissé une somme considérable d'argent ! Bientôt la fin de leurs ennuis et une quiétude retrouvée pour Émilie ? Ne pas aller trop vite en besogne. Le jeu de piste continuait et Émile savait à présent qu'il y avait une équipe contre lui. Et que lui n'avait pas de camarades à ses côtés. « Pas encore », songea-t-il. Il repensait à cette deuxième enveloppe cachée chez Faujas, dans la villa Plassans ; Migeon se trouvait dans la demeure avant eux, et c'est pourtant lui, Émile, qui l'avait dénichée.

Le trésor Zola ! Le trésor au bout de cet arbre généalogique à reconstituer. Et cette histoire de bossu joueur d'orgue de Barbarie à Saint-Eustache... Ce bonhomme aurait-il une autre enveloppe pour lui ou serait-ce la fin de sa quête ?

Tout d'abord, sortir du parc Monceau – ce que fit Émile aussi vite qu'il le pouvait. Son ventre le brûlait. Il éprouvait une vive tension au diaphragme, un énorme point de côté. Mais il continua, coupant la rue et s'engouffrant dans une ruelle qui sentait la viande fraîche.

— Halte ! Halte ! entendit-il derrière lui.

Les policiers se rapprochaient dangereusement. Il y avait un bâtiment qui s'offrait à lui, une pancarte indiquait « Abattoir du Roule » et là, à celle de viande fraîche s'ajoutait une odeur de sang et de pourriture. Non, c'était au-dessus de ses forces. Émile n'allait pas trouver asile en ce lieu. Il contourna l'édifice sur la droite et suivit une bande de pelouse. Il vit un entrepôt « Dépôt de pavés ». Ah oui ! Voilà ! De la pierre ! Comme le barrage de son père ! C'était un signe. Il avait tourné, les policiers ne le voyaient plus depuis quelques secondes. S'il s'engouffrait maintenant dans le bâtiment, les forces de l'ordre ne pourraient pas le savoir.

L'apprenti écrivain se jeta littéralement en avant par une fenêtre ouverte et atterrit sur un petit bureau de bois, sur les deux coudes et le ventre. Il retint un cri. Un encrier plein vola dans la pièce et retomba pile à l'endroit où se trouvait son visage. Il fut tout éclaboussé d'encre.

Fort heureusement, il n'y avait personne dans la pièce. Et il y resta, les yeux fermés, sentant le liquide noir couler le long de son front et de ses joues. Au-dehors, il entendait des bruits de pas pressants, la course des policiers.

— Là !

— Ici !

— Il est entré dans l'abattoir !

— Il a pris la direction de la caserne de la Pépinière, j'en suis certain !

— Non, celle de Penthièvre.

Une fois le tumulte passé, Émile s'accorda un geste, un seul. Celui de se saisir d'une feuille de papier et de se nettoyer tant bien que mal le visage. Il put alors ouvrir les yeux. La senteur alcaline, celle de l'encre, loin de l'agresser, lui apportait comme un réconfort. Il semblait bien qu'il avait réussi à semer les policiers. Mais il attendit un peu encore avant de se relever.

L'endroit semblait désert. C'était l'heure du déjeuner. Le jeune garçon se leva donc. Par la fenêtre du bureau, il distingua la cour du dépôt, où se trouvaient une dizaine de pyramides de gros pavés très certainement destinés aux nouvelles grandes rues dont Paris s'équipait sous l'impulsion du préfet Haussmann.

Mais il n'avait toujours pas une minute à perdre. Il devait se rendre au plus vite à l'église Saint-Eustache pour tenter de repérer l'homme à la cicatrice. Si le dénommé Maheu ne s'était pas payé sa tête.

S'assurant que la voie était libre, Émile sortit du dépôt et emprunta de petites rues, le profil bas, en direction de l'église de la Madeleine. Il souhaitait éviter le secteur du palais de l'Élysée, qui grouillait de policiers. Là, il redescendit vers les Tuileries, sachant que le quartier était très fréquenté à cette heure et qu'un gamin de douze ans y passerait inaperçu. Sur la toute nouvelle rue de Rivoli, il laissa derrière lui le ministère de la Marine, puis celui des Finances, avant de longer le Palais-Royal et d'arriver enfin aux Halles.

Quel spectacle s'offrit alors à lui !

Les Halles ! Le gigantesque estomac de la capitale. Pour atteindre l'église Saint-Eustache, qui se situait de l'autre côté des Halles, il devait traverser ce marché à nul autre pareil. Des travaux s'y déroulaient pour construire les bâtiments de demain conçus par l'architecte Baltard. D'ailleurs, il y en avait déjà un debout, moderne dans sa conception, couvert de vitrage, avec des parois en verre et des colonnettes en fonte. « Papa aurait aimé cela », pensa Émile.

Mais il ne devait pas se laisser distraire. Il avait une mission. Et puis il devait continuer à se méfier des policiers. Migeon, s'il avait entendu ce que disait Maheu à propos du bossu, pouvait très bien avoir alerté les forces de l'ordre dans le secteur.

Émile traversa tout d'abord le pavillon des poissons, où des vendeurs à la criée s'échangeaient les prix des dernières denrées. Il y avait encore des bourriches de moules qui traînaient par terre, des paniers remplis de cabillauds, d'aigrefins, de carrelets et de limandes reposant sur des tapis d'algues. Et plus loin, sur des plateaux d'osier, la noblesse de la mer, les saumons, les turbots, les lottes aux bouches énormes, les soles désespérément plates, avant les crustacés et les gros homards rutilants, les écrevisses et les langoustes écarlates jurant sur les ternes coquillages gris. Émile se serait cru sur la côte, il y avait dans ce pavillon un souffle frais, un vent amer et salé.

En sortant de l'endroit, vivifié, il aperçut le sommet en ardoises noires de l'église Saint-Eustache. Il entra alors dans le second pavillon et là, ce fut un changement total de registre. Autour de lui, les fromages puaient. Émile ne se boucha pas le nez, il n'y pensa pas, il se gavait rien qu'avec les yeux. Il pensait : « Que de belles descriptions à faire ici ! Quel lieu à étudier si je veux décrire mon époque ! » Il se fraya un chemin parmi les bries aux allures lunaires, certains fermes, d'autres coulants, les comtés et les cantals taillés à la serpe, et les roues de gruyère toutes dorées, qui lui semblaient pareilles à des roues de calèche rongées par quelques termites. Là-bas, un fromager hurlait que son fromage était le meilleur de tous. Sous de grosses cloches, des morceaux de roquefort semblaient comme vivants, avec leurs veines vertes et bleues gonflant sous l'effet de la fermentation. Vivants mais comme victimes d'une vilaine maladie. Alors Émile accéléra le pas, ne rendant qu'un bref hommage aux camemberts, aux livarots, aux maroilles, aux pont-l'évêque, à toutes ces pâtes coulantes qui semblaient comme s'aplatir sur son passage. Il chassa quelques mouches insistantes. Le jeune garçon sortit juste à temps. Près de l'ouverture, il vit une fromagère couper un morceau d'un géromé dont la croûte grouillait de petits vers qui, selon elle, « donnaient tout son arôme à ce chef-d'œuvre ».

Quelle profusion de mets !

Mais l'essentiel était ailleurs. Et Émile parvint sur l'esplanade de l'église Saint-Eustache, qui semblait en effet fermée, en travaux. Il ne s'y précipita pas. Il se dissimula à l'abri d'un kiosque où une femme aveugle vendait des bouquets de fleurs.

La scène qu'il découvrit alors sur le parvis lui ôta tout l'optimisme qu'avait fait naître en lui sa course mouvementée dans Paris.

Il vit l'orgue de Barbarie, les chats et les chiens. Mais l'orgue n'émettait plus la moindre musique. Et pour cause, son propriétaire ne l'actionnait plus. Deux hommes aux allures de colosses encadraient un homme bossu, et dont on devinait le visage ravagé, pour l'emmener loin de son instrument et de ses animaux. On était en train d'enlever le bossu. L'autre camp de la chasse au trésor allait emporter la deuxième manche.

Émile hésita à s'élancer. Mais que pourrait-il faire face à ces deux monstres ?

Il serra les poings de rage. Tout ça pour ça. Si seulement Paul avait été là.

Mais il sentit une présence toute proche de lui. On lui tapota l'épaule. Émile se retourna.

Paul ?

Oh que non ! C'était Migeon, tout sourire, qui venait de lui tapoter l'épaule. Et le commissaire de police, toujours aussi bedonnant, se trouvait encore à ses côtés.

— Je crois bien que la chasse est terminée pour toi, mon petit !

Le commissaire siffla et deux agents se ruèrent sur Émile.

CHAPITRE 13

Ah non ! Ça n'allait pas recommencer ! Il ne s'était pas échappé une première fois pour se faire reprendre quelques heures plus tard par les mêmes hommes.

Et puis il ne trouverait pas deux fois de suite un prisonnier pour lui ouvrir la porte.

Quoique. Paris était une grande ville qui offrait toujours de multiples rebondissements.

Émile ne resta pas immobile. Il n'était pas dans un espace confiné comme dans la serre de Maxime. Là, la ville l'appelait. Il fit un saut de côté. Un policier parvint à agripper son veston, mais il se libéra en se débarrassant de son habit. Pauvre mère ! Après le sac, il laissait derrière lui ses habits !

Il devait se décider, et vite. Sur l'esplanade, vers l'orgue : pas question. Les policiers avaient pris place. Ils semblaient d'ailleurs ne rien avoir à redire à l'arrestation forcée du joueur d'orgue à la cicatrice. Ils étaient probablement de connivence avec Migeon. Alors Émile devait rebrousser chemin vers la Seine, ou plutôt vers la rue de Rivoli, où la densité des passants jouerait en sa faveur. Mais il se sentit soudainement fatigué. Il n'avait rien mangé depuis ce matin, rien bu même.

« Allons, un peu de nerf ! Un héros doit toujours faire face aux situations difficiles », se dit-il.

Il se mit à courir et, là encore, les policiers le prirent en chasse. Mais l'apprenti écrivain ne se montrait pas aussi optimiste que la première fois. Ses foulées se faisaient plus hésitantes, et il lui sembla que des policiers, sifflets hurlants, accouraient vers lui de toutes les directions. Il continua néanmoins. Il se dit que, quitte à se faire attraper à nouveau, autant que cela soit digne. C'était dans son caractère de toujours aller au bout, de ne jamais faire les choses à moitié.

Il traversa en courant le pavillon des primeurs, obliqua à plusieurs reprises, et, avec un peu de chance, il se retrouva rue de Rivoli sain et sauf. Mais toujours avec la meute à ses trousses.

Il perdait irrémédiablement du terrain, la fin de sa course était proche.

— Halte, gamin ! entendit-il hurler.

Il y avait des policiers en uniforme devant et derrière lui. Une calèche avec six agents à son bord remontait à toute allure la rue de Rivoli, fendant l'air, frôlant les autres voitures, se dirigeant vers lui comme pour l'éperonner.

Émile passait à cet instant fatidique devant les riches vitrines des grands magasins du Louvre, qui venaient d'ouvrir, et où se pressaient des dames et des messieurs en nombre, poussant les portes à tambour dans des froissements d'étoffes et des cris de contentement.

Il ne sut pas réellement, sur le coup, ce qui lui arrivait. On l'attrapa par les épaules. Il sentit deux mains fermes se saisir de sa frêle silhouette et il passa aussitôt par une porte à tambour, comme s'il se fut agi d'une lessiveuse. Il se retrouva alors nez à nez avec une jeune fille de son âge, ou tout comme.

— La police te veut du mal ? demanda-t-elle.

Émile balbutia que oui.

— Enfin… C'est plus compliqué que ça.

— Alors, cours dans mes pas.

Il se leva et commença à suivre la demoiselle, qui se faufilait entre les rayons du grand magasin.

— Qui es-tu ? souffla Émile en se retournant.

Il semblait qu'aucun policier ne l'avait encore suivi à l'intérieur du magasin.

— Garde ton souffle pour cette dernière course. Après, tu seras en sûreté.

Cet endroit, ce n'était pas une boutique mais un temple – un temple dédié à la dépense. L'architecte ne s'était pas servi de pierre pour le concevoir, mais de fer, toute l'ossature en était faite, comme celle des nouvelles Halles. Il y avait des ponts de fer au-dessus d'eux, jetés d'un bout à l'autre, où s'étalaient les rayons, les marchandises. Les peintures éclataient entre le vert et le rouge et il y avait de l'or partout, jusqu'aux verres des vitrages niellés d'or. Et puis des faïences et des mosaïques pour ne pas laisser la moindre tache blanche. Le plafond était si haut qu'il était impossible de le distinguer. Au rez-de-chaussée, pour que les articles resplendissent, la décoration était sobre, agrémenté de grandes tentures unies, vert pâle ou beiges.

Et puis, évidemment, il y avait ce qu'on y vendait, à s'en faire tourner la tête. C'était d'ailleurs là la recette de ces nouveaux commerces : rendre folles les clientes ! En bas, on avait judicieusement déposé les soldes, et les bourgeoises tâtaient les calicots à sept sous, les grisailles en laine et en coton, des dentelles, des rubans, des jupons, des cravates, des chaussettes, et tout un assortiment de parapluies aux couleurs de l'arc-en-ciel.

Émile n'avait jamais vu une telle opulence. Il ne savait pas que cela existait même, quelque part, dans son pays. L'opulence de son temps qui contrastait avec sa ville d'Aix, mais aussi avec la campagne profonde et les quartiers où vivaient les démunis.

Et, là-dedans, tout le monde se bousculait pour obtenir la première place devant un stand ou un rayon. Cela servit les intérêts d'Émile et de sa guide encore inconnue car les policiers, contrairement à l'épisode du dépôt de pavés, ne s'étaient pas fait posséder et entraient à présent en nombre dans le magasin, sous le regard courroucé des clients et, surtout, des directeurs et des chefs de rayon, qui tentaient même de les repousser comme s'il se fut agi de simples mendiants en guenilles venus gêner la bonne marche du commerce.

La jeune fille guida Émile en experte. Ils n'empruntèrent pas les escaliers vers le haut, mais ceux, ténébreux, réservés au personnel et s'enfonçant dans le sol. Ils sautèrent une barrière dans le même élan, retombant quelques marches plus bas. Émile faillit tomber à la renverse et ce fut sa compagne d'évasion qui le rattrapa *in extremis*. Il souffla et repartit aussi vite, pénétrant dans un long couloir plongé dans une obscurité de grotte.

Plus ils avançaient et plus la clameur au-dessus d'eux, assourdissante, diminuait.

— Fais-moi confiance, dit sa guide. Tu n'auras pas à le regretter.

— Pourquoi tu m'as aidé ? demanda Émile, véritablement à bout de souffle.

— Je t'ai vu avec les policiers aux trousses, ça m'a suffi pour te donner un coup de main. Mais chut, on parlera plus tard.

Quelques mètres plus loin, toujours dans l'obscurité, ils s'enfoncèrent à nouveau dans le sol et se retrouvèrent devant une porte. Là, l'atmosphère devint humide. Cela sentait le champignon, la moisissure. La jeune fille – et à cet instant Émile nota qu'elle était en fait habillée comme un garçon, avec une salopette d'ouvrier – sortit une clef de sa poche et déverrouilla la porte.

— Bienvenue, dit-elle alors, après avoir refermé.

Elle prit une lanterne qu'elle alluma à l'aide d'une allumette.

— Où se trouve-t-on ? demanda l'apprenti écrivain.

— Chez nous, dit-elle tout simplement.

Ils marchèrent encore, mais sans se presser. Émile évoluait donc dans un labyrinthe souterrain. À Paris, il allait de surprise en surprise. Une mine d'or pour son imagination, pour ses romans futurs !

— Chez nous... dit Émile, mais qui est ce « nous » ?

— Ceux dont le baron Haussmann a détruit les maisons pour agrandir les rues, ceux qui n'ont jamais droit à la parole, le peuple silencieux.

— Vous formez une sorte de société secrète ?

— Non, non, mais on s'entraide. Comme les bourgeois le font, quoique plus ouvertement. On a nos astuces, nous aussi. Allez, viens, je t'emmène à la maison. Tu as soif ? Tu as faim ?

Émile dut bien avouer qu'en effet il était assoiffé et affamé.

— Alors tu partageras notre table, répondit-elle tout simplement. Au fait, c'est quoi ton nom ?

— Sandoz. Pierre Sandoz.

Le jeune garçon la trouvait charmante.

— Moi, c'est Anna.

Elle lui fit un clin d'œil espiègle, coquin même.

— Mais tu peux m'appeler Nana, comme tout le monde.

CHAPITRE 14

— Et tu m'emmènes où, Nana ? demanda Émile.

— Je te l'ai déjà dit : chez moi, chez nous, quoi !

Les yeux de l'apprenti écrivain venaient de s'adapter à l'obscurité de ce lieu où régnait une odeur pestilentielle par endroits. Émile s'aperçut alors qu'ils se trouvaient dans les égouts de Paris et progressaient le long d'une petite margelle située au-dessus des canaux et destinée aux intervenants.

— Tu habites dans les égouts ? demanda-t-il.

Nana haussa les épaules.

— Pfff, non, qu'est-ce que tu crois ? J'espère que tu n'es pas comme les autres, là-haut. Mais on m'a dit que non. Enfin bref... Moi je vis avec ma mère et mes frères dans le quartier de la Goutte-d'Or. Maman est blanchisseuse, on habite dans l'immeuble de M. Baudu, un sympathisant. Il y a le cabaret du père Colombe tout à côté, et le soir, on danse, on chante et on boit... Tu verras, tu vas t'y plaire.

Émile en doutait. Lui, ce qu'il voulait, c'était continuer sa quête. Mais surtout prévenir Émilie, qui devait se faire un sang d'encre.

— Elle est comme toi, maman, elle a passé son enfance à Aix, sous le soleil de la Provence…

Émile s'arrêta net.

— Comment sais-tu que je viens de là-bas ?

Nana se mordit les lèvres. Elle ne répondit rien et accéléra le pas. Puisque Émile se doutait bien qu'il n'obtiendrait aucune réponse à sa question, il en posa une autre :

— Tu dis souvent « nous » dans tes phrases. C'est pour parler de ta famille ?

— Oui, ma grande famille. Ceux qui ont vu leur maison et souvent leur vie détruites par les travaux du baron Haussmann. Pour plaire aux bourgeois, on a sacrifié les pauvres. Pour percer des avenues où les calèches dorées peuvent circuler en paix, il faut bien détruire les taudis. C'est comme le magasin que l'on vient de traverser. Il a tué tous les petits commerces alentour, mais ça ne gêne personne. M. Baudu, notre logeur, tient un bazar place Gaillon, mais plus personne ne vient lui acheter de la marchandise, c'est une catastrophe pour lui, il va bientôt devoir le fermer.

Il était trop tôt pour qu'Émile ait sa religion sur le sujet des travaux d'Haussmann, du peuple, des bourgeois, du petit et du grand commerce. Mais il lui semblait qu'une société devait toujours avancer.

— Ce n'est pas ce qu'on appelle le progrès ?

Alors Nana s'arrêta puis se retourna, et ses longues boucles brunes se répandirent sur son visage quelque peu courroucé.

— Le progrès ne vaut que s'il est partagé par tous. Si ce sont toujours les mêmes qui en tirent les bénéfices, alors…

— Oui, tu as raison, répondit Émile.

Car c'était un peu, au fond, l'histoire de son père, un progressiste, un ingénieux novateur, mais qui n'était jamais parvenu à composer sa propre fortune, tombant à chacun de ses projets sur des aigrefins qui s'étaient servis de ses talents pour accumuler la leur.

À moins que le trésor n'existe... Le trésor de son père François. Mais pourquoi n'en avoir jamais rien dit à sa femme Émilie ? Était-il mort trop tôt de sa pneumonie à Marseille ? Le souhaitait-il mais n'en avait-il pas eu le temps ? Mais alors, qui le faisait à présent ? Qui se cachait derrière ce jeu de piste, cette chasse au trésor ?

Émile remonta deux échelles consécutives puis un escalier et se retrouva à l'air libre. Ou tout du moins était-il sorti des égouts pour se trouver dans une pièce réduite, un débarras, qu'il quitta aussitôt pour passer une porte et découvrir un salon à l'ameublement sommaire.

— Ça pue ici ! hoqueta un gamin qui ne devait pas avoir plus de sept ans.

Il tendit cependant la main à Émile et claqua une bise à Nana.

— Étienne, mon frère.

— Ravi, dit Émile.

— Mon autre frère, Claude, doit être sorti pour peindre. Maman est là ?

Étienne désigna du menton la cour de l'immeuble. Nana sortit, Émile sur ses talons, et ils rejoignirent dans la cour une petite femme brune aux traits fatigués et à l'air doux, qui claudiqua vers eux un balai à la main.

— Bonjour, dit-elle. Je suis Gervaise, la mère d'Anna. Et tu dois être Émile.

Elle parlait en effet avec un accent du Sud. C'était étrange, elle savait qu'il se prénommait Émile alors qu'il s'était présenté tout à l'heure sous son nom d'emprunt, Pierre Sandoz. Cet élément ajouté à sa provenance aixoise, il y avait bien quelque chose de louche. Pourtant Émile se sentait en sécurité en ces lieux, absolument pas menacé en compagnie de cette famille.

Débarqua alors celui qui se nommait M. Baudu, un géant de deux mètres vêtu d'un costume noir, dont un œil était plus haut que l'autre, et ils s'assirent tous autour de la table dans le logement de Gervaise pour partager une chopine. Émile n'aimait pas vraiment l'alcool, il se contenta donc de tremper ses lèvres plutôt que de siffler son verre comme le firent les quatre autres. Il demanda de l'eau. Puis ils partagèrent aussi une grosse miche de pain. Étienne se chargea de tartiner du beurre sur les tranches.

— Alors, dit Baudu, tu vas nous raconter ton histoire à présent, dans le détail. Et, surtout, pourquoi la police des bourgeois te courait après !

— Et vous ? Me direz-vous alors si je suis vraiment là par hasard ?

— Patience, mon enfant, tonna le colosse.

Émile, en confiance malgré ses soupçons, et enfin rassasié, raconta tout depuis le début, depuis la visite de la créature fantastique dans le jardin de la rue de la Mule-Noire. Il n'omit aucun détail, grâce à sa prodigieuse mémoire. « Quel récit épique ! » pensa-t-il en lui-même à l'instant de le terminer.

Baudu hocha la tête et eut un petit conciliabule avec Gervaise.

— Il me semble qu'il serait judicieux, mon garçon, de prévenir ta mère pour commencer. Ensuite, je te propose de mettre notre grande famille sur la piste de l'homme à la cicatrice. S'il est aux mains de ton Migeon, là, ça ne veut pas dire pour autant qu'il a craché le morceau et que l'autre a trouvé ta troisième enveloppe.

— Vous pouvez faire ça ?

Baudu hocha la tête.

— Le tenter, oui, mais le mieux serait de réussir à le trouver. Mais viens, je vais te montrer ce qu'est notre grande famille... À moins que tu souhaites te laver, ce ne serait pas un luxe après ton escapade dans les égouts.

En effet, Émile s'enferma quelques instants dans la salle d'eau pour se rafraîchir.

— N'hésite pas à prendre des affaires de Claude dans sa penderie, dit Gervaise à travers la porte. Il a ton âge et à peu près ta corpulence.

Nana prit sa suite dans la salle d'eau et il se trouva tout propre, vêtu d'un pantalon de toile élimé, d'une chemise beige et d'un veston gris qui lui allait à ravir.

— Viens, dit Baudu, à présent, je vais te faire visiter les étages de mon immeuble.

Le boutiquier offrit à Émile un tour très complet du propriétaire, et ils visitèrent donc les trois étages, les douze logements, frappant à la porte de chaque habitant, qui ouvrit avec joie pour se présenter. Il y avait là tout un condensé de la société, plusieurs professions, des âges et des origines diverses. Baudu expliqua que chacun avait sa fonction dans leur grande famille, et que chacun devait être en mesure d'aider l'autre.

— Par exemple, Josserand, que tu as croisé sur le premier palier, c'est un chiffonnier. Il connaît beaucoup d'autres chiffonniers, ça fait un sacré réseau, crois-moi, un sacré réseau de surveillance si on souhaite retrouver la trace de quelqu'un... C'est comme Vabre, au troisième, il est serrurier. Un as. Aucune serrure ne lui résiste. Il nous a bien rendu service pour nous ouvrir les portes des égouts et nous permettre de nous déplacer dans Paris sans se faire voir...

Baudu se montrait très enthousiaste. Une joie communicative.

— Et là, tu ne découvres qu'un seul immeuble, précisa Baudu, mais on peut aussi compter sur bien d'autres immeubles dans le quartier, et dans Paris même en général… Les bourgeois ont les mêmes immeubles, en vérité. Sauf que, dans les leurs, les portes restent toutes fermées pour cacher leur misère. Oh, ce n'est pas la même misère que la nôtre, elle n'est pas matérielle, la leur, c'est celle de l'égoïsme, des mensonges et de l'hypocrisie, mais ça reste de la misère quand même…

Émile approuva, même s'il lui semblait que Baudu voyait trop les choses en noir et blanc. Ses discours contenaient de trop forts contrastes et pas assez de nuances.

Ils redescendirent dans le logement de Gervaise, où Baudu se servit une seconde chopine.

— Et au fait, demanda Émile, comment vous avez su, pour mon prénom ? Et que je venais d'Aix, comme vous, Gervaise ?

— Ne t'occupe pas de ces détails pour le moment, dit Baudu en balayant la question d'un geste de la main. Tu as bien d'autres bourgeois à fouetter.

Il ne servait à rien d'insister à l'heure qu'il était. L'homme ne voulait rien lâcher et Émile se dit qu'il arracherait des aveux à Nana ou à l'un de ses frères…

— Vous proposiez de prévenir ma mère. Mais ce serait plus simple que j'aille tout lui expliquer, non ?

— Surtout pas ! tonna Baudu. Ce Migeon connaît ton identité, il a des relais dans ta ville du Sud et sait très certainement déjà où ta mère a loué son meublé. T'y rendre, même par notre réseau souterrain, ce serait ni plus ni moins que de te jeter dans la gueule du bourgeois ! Non, non, tu vas rédiger un mot à son intention et je le ferai porter. Et puis nous dînerons bientôt et tu te reposeras. Tu l'as bien mérité. Pendant ce temps, je vais donner quelques consignes afin qu'on retrouve ton homme à la cicatrice et son orgue de Barbarie ! Laisse-moi faire, je suis à la manœuvre !

Un programme qui plaisait plutôt à Émile.

Gervaise tendit alors une feuille de papier à Nana, qui la tendit à Émile, qui écrivit :

Petite maman, je vais bien, ne t'inquiète pas. Je ne suis aucunement en danger mais avec des amis. Je te demande de comprendre mon absence même si je ne peux te la justifier dans ce mot. J'espère parvenir à nous sortir d'affaire tout comme toi tu essayes aussi de le faire. Nous y parviendrons grâce à nos efforts conjugués. Je pense bien à toi, à grand-mère, à grand-père mais aussi à papa qui veille sur moi. Je t'embrasse très tendrement.

Ton Émile

À cet instant, il se dit qu'il aurait aimé aussi adresser un mot à l'intention de Paul et de Jean-Baptistin pour leur raconter sa folle journée parisienne, et puis à Jeanne, aussi, qui l'aurait certainement trouvé très courageux. Mais Émile s'endormit, terrassé par la fatigue, la plume encore à la main.

CHAPITRE 15

Émile dormit comme une souche de ces grands chênes verts dont il aimait trouver l'ombre près des trous d'eau dans la campagne aixoise.

Il se réveilla avec le jour, peu après six heures, et Baudu, déjà levé, déjà en costume – mais s'était-il seulement couché ? –, l'accueillit dans le salon de Gervaise et lui servit un grand bol de chicorée.

— Vous avez donné le mot à ma mère ?

— Tu peux me tutoyer, dit Baudu. Mais oui, Émilie est dans la confidence à présent. Nous avons bien fait de prendre des précautions. Il y avait deux types louches en bas de la pension de la montagne Sainte-Geneviève où ta mère loge. Je lui ai donné ton mot en personne. Elle n'avait pas l'air ravie, ah ça non, elle voulait en savoir plus mais c'est bien mal me connaître !

Il dit cela avec fierté, en frappant sa poitrine à plusieurs reprises de ses énormes mains.

— Et l'homme à la cicatrice ? demanda Émile.

Là, Baudu se fit moins joyeux.

— Pas encore de nouvelles de lui, mais je ne désespère pas.

— Peut-être est-il tout simplement de retour avec son orgue, ses chats et ses chiens sur le parvis de Saint-Eustache ?

Le boutiquier haussa les épaules.

— Si la vie pouvait être aussi simple… Mais non, tu penses bien ! Cela dit, viens, je vais te montrer quelque chose…

Il prit Émile par la main, renversant au passage de la chicorée sur la table.

— Viens, viens, dit Baudu.

Émile sortit en maillot de corps et en culotte dans la cour de l'immeuble et il fut très surpris d'y trouver l'orgue de Barbarie et les animaux de l'homme à la cicatrice. Là, devant lui, deux petits chiens blancs, des caniches, et trois chats tous gris, qui se rassasiaient dans une écuelle que Baudu ou Gervaise avaient dû leur apporter.

— Oui, l'instrument et les pauvres bêtes étaient restés sur le parvis, figure-toi. Alors nous avons préféré les mettre en sûreté ici.

Toujours ce « nous », nota Émile, qui se protégea les yeux avec sa main car le soleil du matin, par un jeu optique compliqué à travers les vitres de l'immeuble, frappait les tuyaux chromés de l'orgue et éblouissait le garçon.

— Il sera heureux de retrouver ses bêtes et son instrument, dit Émile.

— Oui, dit le géant. Comme il sera heureux de nous aider, quand nous l'aurons retrouvé !

Émile passa la matinée à jouer aux dames avec Étienne et Nana. Il rencontra Claude, le grand frère, qui aimait dessiner, comme Cézanne. Il lui montra des dessins, des croquis, et Émile fut positivement impressionné. Cela le frappa également que le fils de Gervaise porte le prénom d'emprunt qu'il avait choisi pour Cézanne. Quand l'imaginaire et la réalité entrent en collision...

Cette rencontre raviva la nostalgie d'Émile à propos de l'absence de ses deux camarades. Aussi annonça-t-il à ses hôtes qu'il se rendrait au musée du Louvre en début d'après-midi, à deux heures très précises, dans la salle des *Noces de Cana*, pour voir si un de ses amis ne s'y trouvait pas.

Il n'y croyait pas vraiment, car cela supposait que Cézanne ou Baille ait quitté Aix un ou deux jours après lui, mais ils s'étaient fait cette promesse et il se devait donc de la tenir.

Claude se proposa de l'accompagner, car il connaissait parfaitement les lieux pour s'y rendre souvent et s'entraîner à dessiner devant des tableaux.

— Nous passerons par le sous-sol, par l'entrée des artistes, en empruntant les égouts du musée. Ce n'est pas ragoûtant mais au moins personne de malintentionné ne pourra te croiser.

Comme il le supposait – et le craignait –, Émile ne vit ni Paul ni Jean-Baptistin, à deux heures, devant les monumentales *Noces de Cana*, qui l'impressionnèrent réellement et valaient le détour. Ni Claude Lantier ni Louis Dubuche. Tant pis. Il retenterait sa chance demain et après-demain et les jours suivants, jusqu'à ce qu'il parvienne à trouver le trésor.

La journée passa mollement. Chaque fois qu'Émile croisait Baudu dans la cour, il l'interpellait pour lui demander si les recherches avançaient. Mais l'autre passait en coup de vent et disparaissait aussi rapidement qu'il était venu.

Ce n'est que vers neuf heures, le soir, alors qu'Émile s'apprêtait à aller se coucher après avoir, enfin, gagné une partie de dames contre Nana, que Baudu débarqua en courant dans le logement de Gervaise. Il était tout essoufflé.

— Nous savons où ton Migeon retient prisonnier l'homme à la cicatrice, annonça-t-il.

L'aventurier sentit son cœur s'emballer.

— Sur un mot de toi, nous pouvons même faire en sorte de le libérer.

Alors bien évidemment, Émile le dit, ce mot.

CHAPITRE 16

Une heure plus tard à peine, tandis que la nuit était tombée, Émile se retrouva en compagnie de Baudu et de Nana dans une voiture tirée par deux chevaux robustes. Ils avaient embarqué près de la barrière de la Glacière, après une énième course folle dans les égouts puis dans les rues, ruelles et venelles du sud de la capitale. Le jeune garçon avait insisté pour participer à l'aventure et Baudu ne s'y était pas opposé. On ne manquait jamais d'intelligence et de courage dans ces épisodes-là.

— C'est un sympathisant de la ferme Sainte-Anne qui nous prête sa voiture, précisa le géant entre deux cahots sur la route. Nous sommes les derniers à partir : deux autres équipages sont en route pour Sainte-Geneviève.

Sainte-Geneviève était une petite commune forestière située au sud de Paris, à deux heures de route tout de même. Et c'était donc dans une ferme installée sur ce territoire, précisément la ferme Fouan, que l'homme à la cicatrice avait été conduit à la suite de son enlèvement.

— Migeon a de multiples intérêts dans le coin, précisa Baudu. Une gare vient de s'y construire sur le tracé de la voie

Paris-Orléans et peu à peu, comme à Paris, les promoteurs sans scrupule, Migeon en tête, font abattre les forêts et donnent l'ordre de détruire des fermes pour construire des lotissements où seront bientôt parqués les ouvriers. Les Fouan sont ses complices, il ne faut pas aller chercher plus loin. Il a voulu extraire sa victime de Paris afin qu'on ne la retrouve pas, mais c'est raté. La principale erreur de ces gens-là, c'est qu'ils nous sous-estiment. Et tant que ça durera, on gardera une longueur d'avance sur eux.

Émile lui demanda par quel miracle il était parvenu à ce résultat, en une journée à peine.

Baudu le lui expliqua rapidement, mais la construction de son récit était si alambiquée qu'Émile n'en saisit pas tous les détails. C'était un chiffonnier qui avait eu la puce à l'oreille lorsque le joueur d'orgue de Barbarie était parti contraint sans que les policiers, qui assistaient à la scène, cherchent à intervenir. Il avait alors passé le mot à d'autres chiffonniers, qui avaient alerté le réseau des enfants ramoneurs du faubourg Saint-Jacques. Ils avaient suivi le joueur d'orgue depuis les toits, avant de passer le relais à des cantonniers sur la route d'Orléans puis à quelques paysans et boutiquiers qui avaient été dûment interrogés. Si la reconstitution avait pris tant de temps, c'est que Baudu avait dû recueillir tous ces témoignages, dont certains arrivant par câble, et faire le tri pour n'assembler que ceux traitant de l'homme à la cicatrice.

Lorsque la voiture les déposa, Nana, Émile et Baudu se trouvaient aux abords de la ferme Fouan. Deux gamines d'une dizaine d'années, plus jeunes encore qu'Émile, vinrent se mettre au garde-à-vous devant le géant. Elles étaient vêtues de hardes immondes.

— Où se trouve l'exploitation ? demanda Baudu.

Les deux filles, presque des jumelles, désignèrent le petit bois devant le groupe. Un sentier de terre le perçait en son exact milieu. Ils avaient de la chance, car le croissant de lune éclairait juste ce qu'il fallait pour voir sans être vu.

— Avez-vous terminé le tour de reconnaissance ? continua Baudu.

— Non, on t'attendait, répondit celle de droite.

— Parfait. Je veux savoir combien d'adultes se trouvent dans la ferme et, si possible, si un homme portant une cicatrice y est visible. Notez leur disposition, la répartition dans les pièces ainsi que les moyens d'accès et les possibles armes détenues par les Fouan. Nana va venir avec vous pour vous aider.

Émile se proposa mais l'adulte jugea qu'il valait mieux que l'apprenti écrivain reste en base arrière, en sa compagnie, car Migeon était susceptible d'être dans la ferme et il n'était pas nécessaire, dès lors, qu'il sache qu'Émile se trouvait derrière tout ce grabuge.

— Mais il n'y a que des enfants dans votre troupe, ce soir ? demanda Émile, dubitatif.

Baudu contint un petit rire.

— Ah non ! Je ne suis pas fou. Leurs parents sont là aussi, tapis dans l'ombre. Mais il n'y a rien de mieux qu'un pauvre gamin en loques pour aller à la reconnaissance d'un lieu.

Émile vit s'éloigner Nana et les deux jumelles avec un léger pincement au cœur. Il suivit alors Baudu, qui s'allongea à plat ventre derrière un bosquet, dans un coin d'ombre qui les rendait parfaitement invisibles depuis le chemin. La nuit n'était pas aussi chaude qu'à Aix et Émile sentit les brins d'herbe froids lui chatouiller le ventre. Il n'y pensa bientôt plus, se concentrant sur l'enjeu. Que d'épreuves à surmonter pour parvenir à avancer dans ce jeu de piste ! Et quelle chance il avait eue de rencontrer Nana, Gervaise et Baudu ! Mais était-ce vraiment dû au hasard ? Peu importait au fond. Émile, à cet instant, se vit comme le héros d'un roman-feuilleton d'Eugène Sue, tel le prince Rodolphe des *Mystères de Paris* qui n'hésitait jamais devant le danger et triomphait toujours ! Que d'aventures il allait pouvoir conter à Jeanne à son retour à Aix ! Elle serait bien fière de lui.

Quelques minutes plus tard, Nana revint seule, haletante. Elle avait le visage couvert de terre.

— Les Fouan ont l'air d'être de sacrés salopards, cracha-t-elle.

Baudu approuva.

— Je n'ai pas voulu vous le dire, mais oui, j'ai appris de vilaines choses sur eux. Qui se ressemble s'assemble, avec ton Migeon, Émile. Le pire de tous, c'est celui qu'on surnomme Buteau. C'est le second fils de Louis, le propriétaire de l'exploitation. C'est un criminel que la police ne cherche même pas à arrêter tant la famille leur graisse la patte.

Émile fit une grimace.

— J'espère qu'il n'a pas tué le joueur d'orgue...

— N'oublie pas que les Fouan sont en mission pour Migeon. Et Migeon a très certainement spécifié qu'il souhaitait interroger notre gars... Mais laissons Nana continuer...

La jeune fille s'exécuta :

— Je suis restée en arrière, ce sont les jumelles et un autre garçon, Lecoq, qui sont parvenus à entrer dans la ferme. Ils ont réclamé à boire et à manger, et je crois bien que le Buteau, là, leur a tendu un bol de pisse...

Baudu n'eut aucune réaction.

— Ont-ils vu l'homme à la cicatrice ?

— Non, il n'était pas dans la pièce principale. Un gros rôti de porc cuisait dans l'âtre, mais ils n'ont rien proposé aux enfants. Impossible pour eux de pénétrer plus dans la ferme.

— Ça ne va pas nous simplifier la tâche. Des armes ?

— Pas de visible.

Le géant se gratta le menton.

— Mais je ne suis pas restée inactive de mon côté... continua Nana d'un ton presque mystérieux. À une centaine de pas de la ferme, vers l'ouest, il y avait comme un amoncellement rocheux. En l'explorant, j'ai vu qu'un homme y vivait avec une petite fille. Il ressemble comme deux gouttes de pisse à Buteau et à Louis, le vieux Fouan.

— Son frère Hyacinthe, je suppose, aussi appelé Jésus-Christ.

— Je n'en sais rien, il ne m'a pas dit son nom. Il n'a pas l'air de porter sa famille dans son cœur. Bref, il m'a dit que ça avait été le défilé tout l'après-midi et que Migeon, qu'il connaît de vue, est bien passé à la ferme en début de soirée. Et qu'il est arrivé avec deux de ses sbires. Et reparti avec les deux mêmes sbires.

Baudu hocha la tête.

— C'est donc que notre homme se trouve ici.

Nana approuva.

— C'est ce que je pense aussi.

Un silence s'installa derrière le bosquet.

— Alors on fait quoi, maintenant ? demanda Émile.

— Je crois bien qu'il est temps de donner l'assaut, mes petits.

CHAPITRE 17

Émile resta en arrière, mais à découvert cette fois, à l'orée du bois car il voulait assister visuellement à toute l'opération. Il se plaça dans l'ombre de Baudu, qui se rongeait les ongles au sang en attendant le dénouement. Ils avaient tous les deux une vue parfaite de la grande ferme : le bâtiment principal, encaissé, et à droite une grange, à gauche plusieurs enclos où se débattaient des cochons, puis au loin le coin rocheux que Nana avait évoqué.

Émile vit alors le groupe au complet progresser vers la bâtisse. Plus que jamais, il se voyait comme le protagoniste d'un de ces romans d'aventures qu'il aimait tant ! Ah, quel récit à la Dumas cela ferait quand il coucherait tout cela sur le papier !

Il y avait une dizaine d'enfants, tous armés de lance-pierres, et cinq hommes, de vrais colosses, ceux-là portant matraque à la main et pistolet à la ceinture. Ils allaient prendre ce beau petit monde par surprise. En faisant le tour de l'exploitation, il y avait dix minutes de cela, Baudu avait remarqué l'existence d'une pièce, à l'arrière, dont la fenêtre qui donnait sur l'enclos des cochons avait été recouverte de plusieurs planches de bois. Lorsqu'il délivra ses consignes à la troupe, il supposa que le prisonnier se trouvait très précisément dans cette pièce.

Émile était aussi anxieux que le géant. Il l'aurait moins été s'il avait pris part à l'assaut, en compagnie de Nana. Mais il ne savait pas assez bien jouer du lance-pierre. Ah, si Paul avait été là... Lui était un as en la matière. Mais tout aventurier devait connaître ses limites et ne jamais chercher à s'aventurer en des territoires trop inconnus. C'était une des règles d'or en matière de survie.

Baudu attendit encore un peu que les dix gamins arrivent à quelques pas des fenêtres. Il en avait assigné deux à chaque vitre.

Puis il leva le bras et l'abaissa. C'était le signal.

Aussitôt, dix pierres volèrent dans un même mouvement et firent voler en éclats les cinq vitres. Il y eut tour à tour deux cris de surprise à l'intérieur de la salle commune. Les adultes entrèrent alors en donnant de violents coups de pied dans les deux portes en bois. Chacun portait un bandeau sur la moitié basse du visage et une casquette pour ne pas être reconnaissable.

Baudu et Émile se rapprochèrent à grands pas pour voir ce qui se passait à l'intérieur.

Il y avait quatre Fouan. Trois restèrent immobiles, terrorisés par l'intrusion. Mais le dernier – Buteau à n'en pas douter – se saisit aussitôt d'un tisonnier près de la cheminée et se rua vers l'intrus le plus proche de lui. Le morceau de fer déchira l'air mais l'autre l'évita *in extremis*, balançant sa matraque en retour, qui vint cogner le crâne du paysan. Il eut l'impression d'avoir atteint une pierre. Buteau eut un bref vertige mais redonna un coup de tisonnier, cette fois dans les jambes de sa victime, qui tomba à terre en criant. Mais deux hommes de Baudu étaient venus à la rescousse et les coups conjugués de leurs matraques, cette fois, atteignirent Buteau. Il glissa sur le sol, inconscient.

Le géant se rua à l'intérieur de la ferme, puisque tout danger semblait écarté. Émile le suivait.

— Où est l'homme qui vous a été confié ce matin ? demanda-t-il aussitôt.

Ce fut une femme qui répondit d'un ton balbutiant :

— Là !

Elle désignait une porte dans le fond de la pièce.

— Mais on ne lui a fait aucun mal...

Baudu ne répondit rien. Émile fut le plus rapide pour atteindre la porte. Ce fut d'ailleurs lui qui l'ouvrit. Il pénétra alors dans un couloir. Baudu le suivait, puis Nana, puis un autre homme, cette fois le pistolet à la main. Ils entendirent aussitôt des bruits étouffés à quelques pas au-devant d'eux. Ils identifièrent la porte en bois, renforcée de fer, d'où provenaient les bruits. Grâce à son sens de l'orientation, Émile se dit que cette pièce pouvait tout à fait correspondre à celle dont on avait recouvert de bois la fenêtre.

— Va demander la clef à la femme ! souffla le géant à l'adulte qui les accompagnait.

L'autre fila comme le mistral et revint comme la tramontane. Il avait la clef, il déverrouilla la porte et ils trouvèrent alors un homme, bâillonné, pieds et poings liés sur une chaise de bois, dans une pièce d'un noir total et d'une saleté repoussante.

Émile aida Baudu à défaire les liens.

— Tu es bien l'homme aux chats et à l'orgue de Barbarie ? demanda le géant.

— Oui, balbutia difficilement l'ex-prisonnier.

— Alors, on met les voiles, dit Baudu.

L'adulte aida le pauvre homme à se mettre debout, car il ne semblait plus avoir beaucoup de force dans les jambes. Quand ils revinrent dans le salon, où le colossal rôti de porc commençait à carboniser sur une face puisqu'on ne le tournait plus, il y eut un dernier sursaut de Buteau, qui se releva d'un bond, le visage halluciné. Il arma son tisonnier et, cette fois, cherchant à frapper son agresseur primitif, manqua sa cible pour atteindre l'homme à la cicatrice sur le derrière du crâne. Le blessé s'évanouit aussitôt. Et ce fut Baudu en personne qui, cette fois, asséna ses deux poings sur la tête de Buteau.

— Je crois bien qu'il a eu son compte.

Ils sortirent tous de la ferme, laissant les Fouan terrorisés. La blessure sur l'homme qu'ils étaient venus chercher ne semblait pas si grave que cela. Il y avait une petite coupure, certes, un peu de sang s'écoulait même, mais la boîte crânienne semblait intacte.

— Vite ! souffla Baudu. Les voitures nous attendent près de la gare de Sainte-Geneviève.

Cet épisode n'avait pas duré plus de vingt minutes. Mais les deux heures de route vers Paris allaient leur paraître bien longues.

D'autant que l'homme à la cicatrice – terrible cicatrice, d'ailleurs, partant du menton et se terminant sous l'oreille droite, crevassant tout sur son passage – ne se réveilla pas de tout le trajet, malgré les soins prodigués par Nana au premier relais, à Juvisy.

Cette fois, la voiture les emmena dans le Paris nocturne jusqu'à leur immeuble du quartier de la Goutte-d'Or, en traversant Charonne, en longeant le cimetière du Père-Lachaise puis Ménilmontant et la Courtille. Quatre heures du matin sonnaient à l'église Saint-Laurent lorsqu'ils débarquèrent le pauvre homme toujours inconscient. Ils l'installèrent sur le lit de Claude, qui découchait cette nuit-là, et Gervaise, qui ne dormait pas en attendant leur retour, surtout celui de sa fille

Nana, fit aussitôt chauffer de l'eau, prépara des linges humides pour le malheureux. Elle lui fit enfin un pansement de fortune sur le crâne.

Puis ils le veillèrent à tour de rôle le reste de la nuit, en compagnie des chats et des chiens, qui avaient senti leur maître revenu. Les caniches tournaient anxieusement autour du lit tandis que les chats se toilettaient en toute tranquillité sur les draps.

Et puis, au petit matin, l'homme se mit à grogner. C'était au tour d'Émile de le veiller et il appela aussitôt Nana, Gervaise et Baudu, bien évidemment, Baudu qui s'était endormi sur le pavé, dans la cour de l'immeuble !

Ils se précipitèrent tous au pied du lit. Étienne s'était joint à eux.

— Où suis-je ? demanda l'homme d'une voix pâteuse.

— Entre amis, répondit le géant. Enfin. Vous n'avez rien à craindre ici.

L'autre eut un premier mouvement de recul, vite réprimé lorsque ses chats et ses chiens vinrent lui faire la fête.

— Mais alors... Tout ce qui s'est passé n'était qu'un cauchemar ? balbutia-t-il. Ces fous dans cette ferme, tous ces fous qui me parlaient de *La Légende dorée*, de saints, d'une enveloppe...

Émile lui demanda son prénom.

— Isidore, répondit-il.

— Isidore, commença Émile, ce n'était pas un cauchemar. Mais nous vous avons tiré d'affaire.

Il lui raconta la raison de son arrestation devant l'église Saint-Eustache par les troupes de Migeon.

— Et mon orgue ? cria Isidore.

Baudu le rassura. Il était en parfait état de marche et l'attendait dans la cour de l'immeuble.

— Isidore, avez-vous reçu une enveloppe portant mon nom, Émile Zola, ces derniers jours ?

— Mais je n'ai jamais reçu d'enveloppe ! D'aucune sorte !

C'était un cri du cœur. L'homme disait la vérité et Émile sentit dès lors un courant glacé irradier dans son corps tout entier. Alors, ils auraient fait tout cela pour rien ? Pour une fausse piste ? Non, non, ce n'était pas concevable. Émile n'allait pas abdiquer aussi vite.

— Et dans votre casquette que vous tendez aux passants pour récolter quelques pièces... Personne ne vous a glissé récemment une enveloppe ?

— Mais je vous dis que non !

Les chiens poussaient des jappements de joie très aigus qui commençaient à exaspérer Baudu.

— Enfin ! tonna le géant. Tu ne t'es pas aperçu d'un évènement un peu étrange dans ta vie, ces derniers jours... Un épisode particulier...

— Ah non ! dit l'homme. Tout du moins pas avant qu'on m'enlève sur le parvis. J'y veille bien. Mon existence est aussi réglée que le rouleau à musique que je glisse dans mon orgue.

La petite troupe soupira en chœur.

— Mais une enveloppe, le supplia Émile.

— Non, pas d'enveloppe. Oh, en début de semaine, j'ai bien eu Rosa, ma chatte, qui a failli se faire trucider par Quenu, un charcutier des Halles, pour lui avoir entamé un chapelet de saucisses... Ça m'a fort remué... Et puis peut-être aussi une note de mon orgue, un tuyau qui s'est mis à jouer faux, et je me suis dit qu'il faudrait bientôt s'en soucier, mais à part ça...

Par la vitre de la chambre de Claude, Émile pouvait apercevoir l'orgue de Barbarie et ses tuyaux rutilants dans la cour.

Une idée lui traversa aussitôt l'esprit, à la vitesse de l'éclair d'un orage de Provence.

Mais oui ! On avait roulé la missive dans un des tuyaux pour complexifier l'énigme, le jeu de piste. Un trésor, cela se méritait ! La fausse note, c'était le prochain indice qui obstruait !

Émile se rua dans la cour.

CHAPITRE 18

Nana fut la deuxième à saisir l'idée, puis Baudu, et ils se retrouvèrent tous les trois dans la cour.

— Quel tuyau fonctionne mal ? hurla Émile à l'intention du convalescent.

L'autre haussa les épaules.

— Ce que j'en sais… Vers le milieu… Mais pourquoi…

— Va me chercher une lanterne, Nana, s'il te plaît, demanda l'apprenti écrivain.

Elle revint vite avec l'objet demandé. Émile s'en empara et fit passer la flamme devant les minces ouvertures des tuyaux, par où s'évadait l'air pulsé donnant le son. Mais il ne distingua rien.

— Tu vas me demander des outils, c'est ça ? fit Nana avec un demi-sourire.

Baudu leva ses larges épaules.

— Mais pas besoin ! Vous êtes de petits joueurs !

Et il prit un tuyau entre ses mains, se concentra un bref instant, puis le tira pour l'arracher à l'instrument.

Ils entendirent Isidore protester, puis hurler, depuis l'appartement.

— Il y a un trésor à la clef, dit Baudu. On vous en achètera un neuf !

Mais le tuyau était vide.

Alors Baudu s'attaqua à celui d'à côté, puis au suivant, et encore à celui d'après et, au bout du cinquième...

Une petite feuille de papier roulée glissa sur le sol pavé de la cour !

Émile avait vu juste ! Et le plus incroyable était que, ce troisième papier – car ce n'était pas une enveloppe, à la différence des deux premiers, mais une simple feuille –, il l'avait eu sous le nez depuis son arrivée en ces lieux !

Émile le ramassa et découvrit alors une gravure, sans le moindre texte si ce n'était le nom du saint qu'elle représentait : saint Matthieu. La tête auréolée d'un vieil homme aux cheveux et à la longue barbe blancs, dont le regard était plongé sur un livre.

La Légende dorée, encore et toujours. Mais il n'était pas au bout de ses surprises, car Baudu, pris dans son élan, ne s'était pas arrêté pour autant, et un autre élément glissa du tuyau adjacent : des cases pour compléter l'arbre généalogique qu'il avait laissé dans le meublé de la montagne Sainte-Geneviève. Et, cette fois, il ne s'agissait pas de simples rectangles, mais de plusieurs reliés entre eux par de fines bandelettes de papier. Il reconnut quelques noms italiens et français, le nom de ses arrière-grands-parents à n'en pas douter.

Alors, à bout de souffle sous l'effort, mais ému, aussi, par leur réussite, Baudu s'arrêta et prit Émile dans ses bras pour le faire tourner avec lui, fort, vite et longtemps.

Au repas du midi, Émile se débattait entre l'excitation et l'abattement.

Gervaise avait lavé ses vêtements et il les avait donc remis, enfouissant au fond de la poche de son veston la gravure du saint et les compléments de son arbre généalogique.

Il progressait, certes, avec la découverte de la gravure. Mais l'indice était bien maigre. Saint Matthieu... Quel vaste champ de recherche !

Et puis Émilie commençait à sérieusement lui manquer. Ne devrait-il pas s'offrir une pause dans sa chasse au trésor et retourner embrasser sa mère ?

— Tu es fou, ma parole, tonna Baudu lorsque Émile s'en ouvrit auprès du géant. Migeon et ses sbires sont à l'affût ! Le meublé est l'endroit qu'ils surveillent sans relâche ! Ils pensent que ta mère est ton seul point d'attache dans la capitale ! Sur quoi ils ont tort ! Ne perds pas le coup d'avance que tu as sur ce satané bourgeois de Migeon !

Ce cri du cœur laissa Émile encore plus désarçonné. Mais, puisqu'une heure de l'après-midi sonnait à l'église Saint-Laurent, et malgré son épuisement dû à une nuit quasi blanche, Émile demanda à Claude, qui était revenu pour déjeuner, de le conduire à nouveau au Louvre par les égouts, car Paul, Jean-Baptistin ou bien les deux l'y attendaient peut-être.

Claude accepta avec joie, cela lui dégourdirait les jambes, et ils empruntèrent alors le même chemin, très exactement, que la veille. Et ils débouchèrent très exactement au même endroit dans les sous-sols de l'immense musée, pour se rendre à l'étage, dans la salle où s'étendait l'immense toile de Véronèse.

Tout fut semblable au jour précédent, jusqu'au minutage.

Tout, à un seul détail près.

Le jeune Paul Cézanne se trouvait devant *Les Noces de Cana*, contemplant cette peinture qu'il considérait comme la plus belle au monde, des larmes dans les yeux.

Et ce ne furent pas les dernières qui coulèrent lorsqu'il tomba dans les bras de son ami Émile !

CHAPITRE 19

Les deux copains d'Aix-en-Provence célébrèrent leurs retrouvailles autour d'une première aventure qui parut déjà sublime à Paul : la découverte des égouts de la capitale, du Louvre au quartier de la Goutte-d'Or.

Paul croyait surprendre son ami, et l'étonner, en lui racontant le voyage de dernière minute de son père à Paris pour affaires, au pas de charge, dans une voiture tirée par six chevaux et affrétée par sa banque. Mais cela fit pâle figure devant les multiples récits d'Émile, toutes les aventures parisiennes dont il avait été le héros depuis son arrivée dans la capitale !

— Et ton père, il sait que tu me retrouves pour partir à l'aventure ?

— Ce que je m'en fiche, lâcha l'apprenti peintre d'un air bravache. Quand il est en affaires, il ne pense plus qu'à ça !

On accueillit Paul à bras ouverts dans l'immeuble de Baudu et le géant ne fut pas en reste pour se féliciter de cette nouvelle belle âme qui allait se joindre à leurs aventures.

Quelle joie pour Émile de pouvoir compter sur la sagacité, la bravoure et la sensibilité de son ami dès à présent !

Ils eurent une petite pensée pour Jean-Baptistin, que ses parents retenaient presque prisonnier dans leur maison de vacances, près des calanques de Cassis. Paul donna aussi des nouvelles de Jeanne à son camarade. La jeune fille allait bien, il l'avait croisée avant son départ sur le cours Mirabeau, en compagnie de sa gouvernante. En apprenant qu'il allait à Paris, elle lui avait confié un bout du ruban rose de son chapeau que Cézanne tendit alors, dans un effet de manches, à l'apprenti écrivain, très ému.

Le ruban alla rejoindre la gravure et les petits rectangles dans la poche du veston.

On fêta l'arrivée du jeune peintre en servant le dîner très tôt, et Gervaise, à qui Baudu avait confié quelques billets, gratifia tout ce beau monde d'une oie énorme qu'elle avait fait rôtir chez un voisin, une oie dont les hommes et les femmes se gavèrent de la chair arrosée d'eau-de-vie, et dont les chiens et les chats d'Isidore, resté là pour l'occasion, sucèrent les os.

Et puis, les quelques convives à qui l'alcool n'avait pas abruti l'esprit – Émile, Paul, Claude et Nana étaient de ceux-là – se réunirent sur un coin de table à peu près propre, essuyèrent les taches de graisse, pour se concentrer sur la gravure de saint Matthieu et tenter de convertir cet indice en information exploitable.

Mais que dire d'une simple illustration ? Comment la faire parler autrement qu'en reportant le nom du saint sur un plan de la capitale pour en trouver et en discuter les diverses occurrences ?

Tout le monde parlait dans tous les sens, chacun avait son anecdote à raconter sur un Matthieu qu'il connaissait.

Paul et Claude, peu intéressés par ce verbiage, se saisirent alors tous deux d'un bloc de papier et d'un fusain et se lancèrent dans un concours à celui qui copierait le mieux le portrait du saint.

Lorsqu'ils eurent terminé, Émile et Nana, que l'on désigna comme les deux arbitres, brandirent les deux dessins des jeunes artistes à la lumière d'une lanterne de la cour pour mieux les voir et les comparer à l'original, que le jeune Étienne se chargea de placer devant la lumière.

C'est à cet instant-là, à cet instant précis, qu'Émile aperçut un filigrane au bas du dessin.

Un prénom y était inscrit, « Clorinde ».

Pour en avoir le cœur net, Cézanne se saisit aussitôt du papier et passa délicatement son fusain sur l'inscription pour la faire apparaître noir sur blanc.

Clorinde

Oui, là, il n'y avait pas de passage de *La Légende dorée* à interpréter mais un prénom. Un simple prénom et une gravure de saint.

Cela allait-il les mettre sur la voie ?

— Ah que oui ! tonna Baudu, qui avait l'alcool imaginatif.

Il s'était glissé derrière le groupe de jeunes, ameuté par les « Oh ! » et les « Ah ! » de la troupe.

— Ça me titillait l'esprit depuis tout à l'heure... Je ne suis pas un fin lettré, ah ça non, Dieu m'en préserve, mais j'ai fait mon catéchisme, et il me semble bien que saint Matthieu est le patron des banquiers et des agioteurs !

— Et alors ? demanda Émile. Quel rapport avec ce prénom ?

Baudu se tapa plusieurs fois sur le ventre.

— Oui, oui, j'oublie que tu n'es pas d'ici, toi, du moins pas encore... Eh bien, cette Clorinde, si c'est celle à qui je pense, c'est une femme forte ! Ah ça oui ! Qui vaut bien son pesant d'hommes ! Une caserne, une garnison, une cohorte d'hommes dans son métier ! Clorinde Balbi, la fondatrice de la Banque universelle... Saint Matthieu veillerait sur elle, non ?

— Vous la connaissez personnellement ? demanda Paul benoîtement.

Baudu eut un franc éclat de rire.

— Ah ça non ! Elle ne fréquente pas des gueux dans mon genre, tu peux en être certain ! Mais le personnage n'est pas pour me déplaire. Ce n'est pas une banquière ordinaire que cette femme ! On la dit aussi mécène, et surtout engagée dans des projets qui ne sont pas seulement liés à sa rapacité...

Émile se leva aussitôt, renversant dans son enthousiasme la bouteille d'eau-de-vie qui se trouvait près de lui, et que Baudu saisit à temps afin qu'elle ne se vide pas sur les pavés mais plutôt au fond de son grand gosier.

— Alors, vous allez nous conduire chez elle !

— Je t'ai déjà dit de me tutoyer, gamin ! rugit le géant. Mais soit ! Je sais où la Balbi crèche. Son hôtel particulier est à deux pas de chez Champeaux, le restaurant fréquenté par le Paris de la finance, près de la Bourse !

— Il n'est pas trop tard ? demanda Nana.

— Ces gens-là ne dorment jamais ! dit Baudu. Le seul souci, en vérité, c'est que notre réseau d'égouts ne nous mènera pas dans ce coin-là et qu'il faudra faire un bout à pied ou en voiture. J'espère seulement que les poulets ou les sbires de Migeon ne nous tomberont pas dessus ! Assez de rencontres fortuites !

Il fut décidé qu'Émile, Paul, Nana et Baudu emprunteraient une voiture discrète pour se rendre place de la Bourse. Le trajet ne devrait leur prendre qu'une trentaine de minutes à cette heure de la soirée. Il s'agissait surtout de se montrer discret.

Par un de ses réseaux de l'ombre, le boutiquier commanda une voiture et ils partirent aussitôt, le cocher ayant reçu pour consigne de ne pas fouetter ses bêtes et d'avancer mollement, sans commettre d'incident susceptible de les faire arrêter.

Les financiers ne dormaient peut-être jamais. Mais la police non plus. Et, lorsqu'un agent, alerté en vérité par la petite allure de la voiture, la fit s'arrêter et monta sur le marchepied pour en inspecter l'intérieur et contrôler les passagers, il reconnut immédiatement le jeune Zola, dont on avait diffusé une photographie dans les postes de police de la capitale.

— Fouette, cocher ! hurla Baudu.

La voiture s'élança et le policier perdit l'équilibre. Il tomba lourdement sur son postérieur et eut le temps de siffler plusieurs fois avant de crier sa douleur.

Aussitôt, une voiture tirée par quatre chevaux les prit en chasse.

Émile soupira tandis que Paul aurait presque applaudi ! Une poursuite en diligence, comme dans un roman d'Alexandre Dumas.

Mais là, il ne s'agissait pas simplement d'encre et de papier.

Et plusieurs coups de feu retentirent dans la nuit.

CHAPITRE 20

Peu après, ce fut non plus seulement une, mais deux, trois, quatre autres voitures de la police qui les prirent en chasse, et le cocher, peu habitué à tant de sollicitude, voulut s'arrêter à plusieurs reprises. D'autant que des balles, bien réelles, lui sifflaient aux oreilles. Alors Baudu, sentant le peu d'enthousiasme de leur conducteur, n'hésita pas à hisser acrobatiquement sa grande carcasse au poste de pilotage, puis à se débarrasser du couard d'une pichenette. Ce dernier alla tâter à son tour du pavé parisien.

— Pas de place pour les peureux à bord ! cria le géant en donnant de puissants coups de fouet répétés aux chevaux, qui accélérèrent l'allure.

Il cria aux enfants de rester bien en place dans l'habitacle de la voiture, car une balle de pistolet venait tout de même de se ficher dans le talon de sa chaussure droite !

Mais Baudu avait un plan en cours, encore un, car, quand les quelques passants informés, ameutés par les coups de feu et le bruit tonitruant des fers des chevaux sur le pavé, s'aperçurent que la cible des policiers était Baudu, ils s'agglutinèrent les uns aux autres, s'appelant grâce à des cris et des onomatopées, comme les forces de l'ordre le faisaient, elles, à l'aide de leurs sifflets. Et Baudu, qui n'était pas né du dernier ouragan, tournait en fait autour d'un pâté de maisons, autour du théâtre du Gymnase pour être plus précis, attendant que la foule se presse dans une rue, le laissant passer lui, puis se refermant telle une écluse pour bloquer les poulets !

Et c'est ce qui arriva lors de son quatrième passage devant le théâtre. Il prit son virage à gauche depuis le boulevard de Bonne-Nouvelle, le bien nommé, puis s'engouffra dans une petite rue en fendant la foule, qui se referma aussitôt pour composer une barrière humaine.

Les policiers arrêtèrent alors de tirer et durent freiner des quatre fers pour ne pas risquer de blesser quiconque. On avait vu des émeutes débuter pour moins que cela.

Alors, presque paisiblement, la voiture de Baudu replongea vers le boulevard par une autre rue, le coupa et prit la direction de la Bourse par l'hôtel d'Uzès et le marché Saint-Joseph.

Lorsqu'il arrêta les bêtes devant l'hôtel particulier de la Balbi, le géant ordonna à ses passagers de descendre mais lui resta quelques secondes de plus, relançant les bêtes et sautant aussitôt afin que la voiture ne reste pas stationnée ici et se perde vers l'Opéra-Comique ou la Bibliothèque nationale, au bon vouloir des chevaux.

Baudu sonna longuement devant les grilles du très riche hôtel particulier qui faisait face au bâtiment de la Bourse et à ses immenses colonnades blanches.

Un domestique, habillé à la hâte, vint leur ouvrir.

— Nous souhaitons être reçus par madame votre maîtresse, dit le géant.

— Madame ne reçoit plus passé dix heures.

Il était dix heures et quelques à la montre de Baudu.

— Eh bien elle fera une exception ! tonna le boutiquier.

— Vous annoncerez Zola, dit Émile, pensant qu'il n'avait rien à perdre à s'annoncer sous son véritable patronyme.

L'employé se retira aussitôt et revint quelques instants plus tard.

— Je vous prie de me suivre, dit-il.

Ils entrèrent dans la demeure et gravirent un escalier au sol de marbre et à la rampe et aux barreaux d'or. Clorinde Balbi les attendait dans ce qui devait être son bureau, une pièce immense aux tentures rouge vif, ponctuée de multiples fauteuils, canapés et tapis. Un lustre en cristal qui semblait plus grand encore que Baudu resplendissait depuis le haut plafond.

— Entrez, je t'attendais, jeune Zola, dit leur hôtesse, en mot de bienvenue, avec son accent italien très chantant. Mais tu y as mis le temps !

« Je t'attendais. » C'était bien la première fois qu'il entendait ces mots depuis le début de cette chasse au trésor. Et, alors, Émile pensa que c'était elle qui se trouvait derrière le jeu de piste… L'instigatrice, le cerveau qui l'avait lancé dans toutes ces aventures. Mais il n'était pas au bout de ses surprises…

— Voulez-vous des petits gâteaux ?

Elle fit passer le plateau parmi les enfants, qui n'y touchèrent pas. Ce fut Baudu qui effectua une vraie razzia sur les choux à la crème. Clorinde Balbi était une femme superbe, au profil pur, au cou délié. Elle avait l'allure d'une de ces chasseresses antiques qu'on pouvait admirer sur bon nombre de toiles au Louvre. Nana l'aima bien, au premier regard, car la banquière portait une chemise, un pantalon et des bottes. Elle n'était pas femme à se sentir prisonnière de la robe.

— Comment saviez-vous que je viendrais vous voir ? demanda Émile.

— Eh bien parce que Clotilde, qui m'a confié la lettre que je dois te donner à présent, m'a tout simplement prévenue.

— Qui est Clotilde ?

— Une de mes meilleures amies. Et qui fut aussi une très bonne amie de ton père. Une amie très proche.

— Elle vous a juste demandé de me donner cette lettre ?

Clorinde désigna à ses invités un de ses riches canapés. Ils s'installèrent donc, et elle opta, comme Nana, pour un fauteuil.

— Clotilde est venue il y a deux semaines de cela. Elle m'a dit qu'elle partait à Aix-en-Provence pour te donner une enveloppe.

« La créature fantastique ! » pensèrent Émile et Paul. Il s'agissait donc d'une femme ! D'une femme qui se prénommait Clotilde.

— Elle m'a laissé cette enveloppe en me disant que, si tu étais aussi intelligent et capable que l'était ton père, tu viendrais me trouver pour me la demander. C'est bien pour cette raison que tu es venu me visiter ce soir, n'est-ce pas, jeune Zola ?

Émile approuva. Mais il lui restait tant à comprendre.

— C'est donc votre amie Clotilde qui est derrière ce jeu de piste, cette chasse au trésor ?

— Un trésor ? s'étonna la Balbi. De cela, elle ne m'a rien dit. Elle m'a juste demandé de te donner cette lettre et de m'assurer de ta sécurité à partir de maintenant.

Elle coula un regard étrange vers Baudu, comme s'il s'agissait de prendre son relais.

— Clotilde est une belle femme, dans tous les sens du terme, très attachante mais aussi très secrète. Mais peut-être trouveras-tu les éléments d'information qui te manquent en ouvrant cette enveloppe.

Elle se leva, retourna derrière son bureau et en sortit une enveloppe blanche, en effet, d'un des nombreux tiroirs. Émile se leva à son tour, impatient de l'ouvrir.

Ce qu'il fit.

Cette fois, il n'était pas question d'un quelconque saint ou de petits rectangles généalogiques. Non. Il y trouva un plan. Un plan de ligne de chemin de fer. Et à en juger par les noms de villes qui y figuraient, il y avait fort à parier que ce tracé se trouvait en Autriche.

« Mais oui ! pensa Émile. La ligne Linz-Gmunden que mon père avait tracée avant ses travaux parisiens, avant la construction du barrage à Aix. Encore un projet ambitieux avorté à cause de quelques maudits affairistes ! »

Gmunden était entouré sur la carte. C'était donc dans cette ville que la prochaine étape de la chasse au trésor allait se dérouler. Le jeu de piste ne se terminerait pas place de la Bourse. Ils devraient encore aller visiter l'Autriche.

— Tu trouveras certainement tes réponses là-bas, dit Clorinde Balbi. Sur les traces de ton père. Je ne l'ai pas connu, mais Clotilde m'en a dit tellement de bien. Et moi j'y retrouverai certainement mon amie avec plaisir puisque je vais t'accompagner.

Mais Émile prit Paul par la main et déclara qu'il ne partirait pas sans son ami.

— Eh bien nous partirons tous les trois, dit la banquière.

Baudu protesta. Il n'y avait aucune raison que Nana et lui ne fassent pas partie de la suite des aventures. Mais Clorinde, devant cette requête à demi formulée, refusa sèchement.

Perclus de fatigue et assouvis par une part de la vérité, ils finirent tous par s'assoupir sur les canapés du salon, et ce fut un baiser qu'il connaissait bien qui réveilla Émile. Celui d'Émilie puisque sa mère, à l'invitation de la banquière, se trouvait enfin auprès de lui et le serrait dans ses bras. Elle n'était pas venue seule, Mme Zola, mais avec l'ami de la famille, le dernier ami du père d'Émile, Marius Daime, qui s'était chargé de la convaincre de laisser son fils partir avec Paul sur les traces du trésor de son défunt mari.

— Ainsi, Marius m'a appris que tu allais te rendre en Autriche !

Elle en pleurait presque, la pauvre femme, et Émile la rassura, lui dit qu'il ne pouvait qu'avancer et que la vérité sur son père se fasse au grand soleil !

Mais Clorinde Balbi s'impatientait. Elle avait hâte, elle aussi, de connaître le fin mot de l'histoire.

— Allons, allons, il est temps de partir, ma voiture nous attend et la route est longue.

Baudu tenta à nouveau sa chance pour faire partie du voyage, mais la banquière se montra inflexible. Il maugréa un peu, pour le principe, et assura à Paul qu'il se chargerait de prévenir son père, Louis-Auguste, au plus vite, en trouvant un solide prétexte à cet incroyable voyage à travers l'Europe.

Émilie embrassa une dernière fois son fils et déposa un affectueux baiser sur le front de Paul.

— Promettez-moi, mes enfants, que vous ne commettrez aucune imprudence, balbutia Émilie.

Mais cela, Émile et Paul n'étaient malheureusement pas en mesure de le jurer.

CHAPITRE 21

Émile et Paul n'avaient jamais pris place à bord d'une voiture aussi luxueuse que celle de Clorinde Balbi, qui lui servait à arpenter la France et l'Europe en tous temps pour les besoins de l'empire financier qu'elle possédait et qu'elle dirigeait.

L'habitacle était immense, de la même dimension que la chambre louée par Émilie à la pension de la montagne Sainte-Geneviève ! Les banquettes étaient luxueuses, on y trouvait deux tables de travail même, et le tout était monté sur un astucieux système d'essieux qui faisait qu'on ne ressentait qu'à de très rares occasions les cahots de la route.

Et puis, les six puissants chevaux alezans qui la tiraient, et que les deux cochers changeaient à chaque relais sans se soucier de la dépense, permirent aux deux garçons et à la banquière d'atteindre Reims en une journée, Metz à la fin de la deuxième, puis d'avaler en moins d'une semaine Sarrebruck, Stuttgart et Munich pour enfin se retrouver à Gmunden, charmante ville autrichienne juste au bord du lac Traunsee, un endroit bucolique par excellence, tout du moins au premier abord.

Durant le trajet, la Balbi avait appris à faire connaissance avec les deux garçons et se mit à apprécier avec force et conviction leur grande intelligence, leur caractère trempé, tout cela agrémenté d'une sensibilité réellement à fleur de peau. Ils étaient bien de la graine d'artiste, ces deux-là, il n'y avait pas à en douter.

Paul Cézanne, comme à son habitude, se montrait le plus volubile et son accent chantant se disputait le plus souvent avec celui de Clorinde dans l'habitacle. Émile, plus taiseux, se trouva en vérité plongé dans un abîme de perplexité dès les premières heures du voyage. Émilie lui avait apporté l'arbre généalogique qu'elle avait trouvé en fouillant dans les affaires de son fils à la recherche d'un quelconque élément pouvant motiver sa disparition parisienne.

L'apprenti écrivain y avait donc collé les derniers rectangles trouvés dans l'orgue de Barbarie, ceux qui concernaient ses arrière-grands-parents. Et il avait obtenu un résultat étrange, car le réseau des nouvelles vignettes passait au-dessus de l'ancien et donnait, en plus des aïeux d'Émile, une autre branche de la famille partant de son père. Une case s'était accolée à celle de François, en miroir à celle de sa propre mère, branche qui descendait vers le bas, vers les racines de l'arbre, comme s'il se fut agi de mettre en avant une nouvelle famille, dont son père aurait été le fondateur.

L'homme avait-il eu une première vie avant d'épouser Émilie Aubert ? N'était-ce pas ce que laissait entrevoir l'arbre ainsi reconstitué ?

Et puis, Émile pensait à l'avenir, à ce qu'il allait découvrir à propos de son père. Trésor ou supercherie ? Pourquoi cette mystérieuse Clotilde jouait-elle ainsi avec lui ? Dans quel but ? Et que penser de Migeon, qui avait perdu une manche en ne trouvant pas le troisième indice détenu par Isidore, l'homme à la cicatrice ? S'était-il retiré définitivement de la chasse au trésor ? Émile ne croyait nullement à cette hypothèse.

À Gmunden, la voiture les arrêta devant le grand hôtel situé sur la rive nord du lac. Clorinde y avait réservé le dernier étage tout entier pour ne pas se sentir à l'étroit et, surtout, ne pas risquer de croiser des personnages malintentionnés dans les couloirs.

Allaient-ils devoir, dès lors, se lancer sur les traces de François Zola et de ses souvenirs en partant de rien ?

Apparemment pas, car Clorinde, qui semblait en savoir un peu plus qu'elle ne voulait bien le dire, avait mené son enquête concomitamment au trajet à travers la France, l'Allemagne et l'Autriche. Chaque soir, tandis que les deux garçons s'endormaient du sommeil du juste dans une auberge ou un relais, la banquière, qui ne dormait pas ou sinon peu, recevait des messages ou un messager en personne qui lui fournissaient des détails à propos des années autrichiennes du père d'Émile.

C'est ainsi qu'en arrivant à Gmunden, la Balbi avait obtenu l'adresse de Lazare Chanteau, un Français d'une quarantaine d'années qui semblait avoir, plus jeune, aidé François Zola à tracer la voie de chemin de fer et qui était resté ensuite dans le pays.

— Je t'assure ne pas en savoir beaucoup sur ton père, dit-elle à l'intention d'Émile, lorsqu'ils reprirent la route vers la demeure de ce Chanteau, je l'ai croisé peut-être une ou deux fois en compagnie de Clotilde, voilà tout. Mais si j'ai accepté de vous guider jusque-là et de prendre part à l'enquête, c'est que je souhaite moi aussi connaître la vérité à ce sujet. Clotilde est fascinante, c'est une femme décidée comme il en existe hélas trop peu dans notre époque. D'ailleurs, je pense que c'est elle qui a mis Baudu et ses troupes sur ta route....

Ils longèrent le lac Traunsee par l'ouest durant une bonne heure avant de trouver la maison parfaitement isolée de

Chanteau. Pendant le trajet, Clorinde en avait dressé le bref portrait grâce aux renseignements obtenus et payés à prix d'or : celui d'un ingénieur, le fameux Lazare Chanteau, spécialisé dans les explosifs, qui avait mis sa connaissance au service de François Zola lorsqu'il avait dessiné le tracé de la ligne. L'Autriche était un pays montagneux et les explosifs étaient primordiaux, dans ce cas, pour percer des tunnels. Il semblait que Lazare vivait retiré dans cette maison depuis quelques années, veillant sur Jeanne, sa fille malade, dont la mère était morte en couches. Une vie triste et simple en apparence.

Mais le cadre était splendide. La demeure, de facture et de dimension modestes, se trouvait littéralement sur la rive du lac. Il y avait, accolée à elle, un petit ponton de bois où bringuebalait paisiblement une barque et, derrière, des montagnes aux verts alpages ponctuées de chalets rouge et marron.

Il faisait chaud en ce début d'été, malgré une pluie très fine qui s'était mise à tomber dès leur arrivée.

Lorsqu'ils frappèrent à la porte, ce fut Lazare Chanteau en personne qui vint leur ouvrir. Et l'homme eut un geste de recul en découvrant Émile. Avait-il reconnu dans les traits du fils ceux du père ?

Clorinde expliqua le sens de leur venue, mais elle n'eut pas besoin d'en dire beaucoup car Lazare les attendait. Oui, Clotilde était passée le voir quelques semaines auparavant, et oui elle avait laissé une enveloppe blanche sur le devant de laquelle on pouvait lire « Émile Zola », le prénom et le nom du fils de celui qui avait été son ami il y avait plusieurs années de cela et dont il avait appris le décès avec une infinie tristesse.

Mais, pour plus de sûreté, et en accord avec Clotilde, Lazare avait déposé la précieuse enveloppe dans le coffre d'une banque de Linz.

Il leur dit cela en leur servant un thé et des tranches de pain d'épices dans le salon, dont les fenêtres ouvraient toutes sur le lac.

Les trois invités saluèrent également Jeanne, la fille de Lazare, qui s'était levée pour l'occasion, elle qui passait la majeure partie de sa vie alitée à cause d'une maladie que les médecins autrichiens ne parvenaient malheureusement pas à diagnostiquer.

Ils se saluèrent et Cézanne trouva la jeune fille très belle. Elle avait treize ans, son âge, et il lui sembla qu'elle ne restait pas non plus insensible à la présence de l'apprenti peintre.

Émile posa la question qui le taraudait depuis le début du voyage :

— Qui est Clotilde ?

La réponse fut laconique. Lazare n'aimait pas beaucoup parler :

— Ton père et elle furent très amoureux, un temps, à Paris.

Clorinde déclara alors qu'il était peut-être temps de se rendre à Linz pour trouver l'enveloppe.

— Certainement, dit Lazare.

Et un sourire commença à se dessiner sur son visage triste.

— Mais je compte bien vous y emmener à ma façon. Vous allez laisser votre voiture garée devant ma maison.

Émile, Paul et Clorinde échangèrent un regard interrogatif.

— Eh bien, suivez-moi... Je vais vous montrer ce qui pourrait très bien être considéré comme un des trésors de François Zola...

CHAPITRE 22

Lazare Chanteau n'avait plus le même visage depuis qu'il avait promis sa surprise aux visiteurs, et plus particulièrement au fils de celui qu'il considérait un peu comme son maître. Son être tout entier s'était littéralement illuminé.

Il les conduisit donc vers un hangar en fer dissimulé derrière une petite éminence naturelle, à une centaine de pas de la maison, toujours sur la rive du lac Traunsee. Le hangar était de belle taille et, particularité tout à fait notable, les rails d'une voie ferrée débutaient à la grande porte du hangar pour se perdre ensuite à l'horizon, vers le nord-ouest du territoire.

Lazare sortit une grosse clef de la poche de son pantalon. Émile remarqua que ses mains tremblaient beaucoup. Il déverrouilla la lourde porte et demanda de l'aide pour la faire coulisser. C'est alors que les deux garçons et la banquière découvrirent un engin étonnant, majestueux, qui ressemblait à une de ces locomotives à vapeur dont Émile et Paul n'avaient vu que quelques prototypes en photographie ou en gravure jusqu'à cet après-midi autrichien.

— Je l'ai conçue et construite moi-même, déclara fièrement Lazare. Patiemment. J'y travaille depuis plus de cinq années maintenant, et je crois que ma Lison est enfin en état de prendre les rails.

Lison, cela devait être le nom de la machine, puisqu'on retrouvait cette inscription sur un des côtés de la cabine de conduite, près du marchepied qui permettait au mécanicien de monter à bord.

La machine était imposante, splendide, brillant intensément malgré le peu de lumière qui pénétrait dans le hangar. Elle avait presque quelque chose de surnaturel.

— « Lison », murmura Clorinde, qu'une bouffée de souvenirs venait d'assaillir. C'est le petit nom que donnait François Zola à Clotilde.

Lazare Chanteau approuva d'un hochement de tête.

— C'est bien pour cette raison que je l'ai baptisée ainsi. Et c'est à bord de la Lison, pour son premier trajet, que nous allons rejoindre la banque de Linz où se trouve l'enveloppe qui t'est destinée, Émile.

Les yeux de l'ingénieur se firent brillants.

— C'est avec beaucoup de fierté que je vais entreprendre ce trajet avec un Zola à bord.

Mais Clorinde s'étonna qu'il soit en mesure d'utiliser la ligne avec une locomotive privée. Cela ne pouvait-il pas s'avérer dangereux si une locomotive de la compagnie qui exploitait la ligne circulait au même moment ? Il n'y avait plus qu'une seule voie tout au long du trajet, sans espoir de dégagement.

Lazare expliqua alors que la ligne ne fonctionnait plus en l'état.

— Les voyageurs attendent que la ligne se transforme en chemin de fer moderne. Ma Lison va en épater plus d'un, croyez-moi. Jusqu'ici, c'était une ligne de chemin de fer hippomobile, c'est-à-dire que des chevaux tiraient encore les voitures tout au long du trajet... Mais il est temps de passer à l'ère moderne du transport, comme François en avait eu l'intuition et comme j'en ai modestement suivi les préceptes en construisant ma locomotive...

— Mais vous êtes certain que la Lison est assez fiable pour nous emmener à Linz ? s'inquiéta la banquière.

— Et comment ! chanta Lazare qui se sentait vivre à nouveau. Je l'ai encore mise en marche hier pour un galop d'essai et tout allait pour le mieux. J'ai le charbon pour couvrir la distance, j'aurai de quoi nourrir la bête, ne vous inquiétez en rien !

Lazare ne voulait pas perdre la moindre seconde et tendit des casquettes et des lunettes de protection à ses invités. Mais Paul eut un cri du cœur :

— Et Jeanne ! Vous allez la laisser seule ici ?

Le père se frappa le front. Son enthousiasme lui faisait perdre la raison. Il était si peu coutumier du fait. Paul se proposa alors pour rester veiller Jeanne. La jeune fille se montra touchée par cette attention. Le jeune peintre partait du principe qu'il y avait des aventures statiques, et que les courses-poursuites et les coups de feu ne faisaient pas forcément partie du cahier des charges pour connaître le grand frisson.

Cézanne regagna alors la maison, y retrouvant Jeanne avec délice, tandis que Lazare, qui venait d'allumer le feu du foyer, l'alimentait de charbon à grandes pelletées de charbon, le bourrant jusqu'à l'extrême limite pour lancer définitivement sa machine.

Clorinde ne paraissait pas totalement rassurée au moment où la Lison quitta à petite allure le hangar, en crachant une fumée d'un noir profond. Émile, lui, ne perdait pas une miette des diverses manœuvres opérées par Chanteau et il mit la main à l'ouvrage à son tour lorsque l'ancien aide de son père lui demanda de vérifier le bon fonctionnement des sabots de frein.

Tout avait l'air de parfaitement fonctionner, alors le mécanicien actionna le sifflet à trois reprises et libéra toute la puissance de la machine, qui s'élança à vive allure sur les rails en direction de Linz.

Quelle sensation de puissance et de liberté mêlées ! Quelle joie de sentir le vent et la pluie venir se presser le long de son visage ! C'était le progrès ! Le progrès en marche !

Lorsque la Lison atteignit la ligne principale à Gmunden et s'y raccorda dans une manœuvre naturelle en plein milieu de la gare, les passants la regardèrent passer avec étonnement. Certains restèrent bouche bée et Lazare les salua d'un grand signe de la main, actionnant le sifflet de l'autre. Et on se mit alors à applaudir, à applaudir cette fascinante prouesse.

— Au prochain voyage, précisa l'ingénieur, je raccorderai à ma Lison des wagons pour les voyageurs et pour les marchandises.

Même le temps autrichien semblait vouloir saluer l'exploit de Lazare. La pluie s'arrêta, les nuages se dissipèrent, et un grand soleil fit étinceler l'imposante locomotive comme jamais.

Lazare brillait autant qu'elle, sinon plus, et sa joie se fit communicative à Émile puis à Clorinde, qui se laissa porter par l'instant.

La Lison sortit de la ville, et, puisque le trajet s'avérait plat sur ce premier tronçon, Lazare décida de pousser le moteur à vapeur dans ses derniers retranchements.

— Il faut décrasser la machine, expliqua-t-il.

Les cylindres, gorgés de vapeur, se mirent à fonctionner à vive allure, entraînant, au bout du mécanisme, les roues. La Lison filait, filait dans la campagne. Et Lazare la faisait siffler, siffler...

Mais, au loin, Lazare détecta déjà la présence du premier tunnel. Il devait ralentir, sous peine de dérailler. Il demanda à Émile d'actionner les sabots de frein comme lors de la phase de test à la sortie du hangar.

Émile entama la manœuvre, mais, cette fois, la locomotive ne réagit absolument pas.

— Freine ! hurla Lazare.

Le tunnel se rapprochait à vive allure. Trop vive allure.

— Freine ! hurla-t-il à nouveau.

Clorinde alla au secours du jeune garçon, mais Émile y allait de bon cœur. C'était le mécanisme qui ne répondait plus. Lazare se rua vers eux, et n'y parvint pas plus.

— C'est la pompe à air qui ne marche plus ! cria-t-il. On nous a sabotés !

Le tunnel s'annonçait là, devant eux, et leur vitesse n'avait absolument pas diminué.

Il n'y avait plus aucune joie à bord de la Lison. De la peur. Rien que de la peur.

CHAPITRE 23

Émile, pour la première fois de son existence, eut peur d'un accident grave, de la souffrance et de la mort. Le tunnel était là, et ils allaient se fracasser contre la montagne s'ils ne parvenaient pas à activer les sabots de frein immédiatement.

Peut-être même était-ce déjà trop tard !

— Il faut sauter ! hurla Lazare.

Mais la manœuvre s'annonçait follement dangereuse. Il y avait donc deux solutions : se briser les os contre les parois du tunnel ou se rompre le cou en se laissant tomber de la locomotive lancée à toute vitesse...

Deux perspectives de choix.

Lazare, lui, n'hésita pas et descendit sur le marchepied pour donner l'exemple. Il y avait comme une petite étendue d'eau non loin et, s'il parvenait à sauter dedans, il pourrait s'en sortir sans trop de casse.

Émile descendit à son tour sur le marchepied et Clorinde les imita.

La Lison se mit à vrombir, comme si la machine elle-même se mettait à avoir peur.

LISON

Alors les trois êtres, réduits au statut de simples passagers, sautèrent dans le même élan. Chanteau et Émile eurent la chance de tomber à l'eau, mais la banquière, qui avait hésité un très bref instant, roula sur le sol et émit un cri vif qui couvrit jusqu'au bruit du moteur qui s'éloignait.

La Lison n'alla pas bien loin. L'ingénieur et le garçon émergèrent juste à temps de l'eau glacée pour voir la précieuse locomotive entrer en collision avec l'entrée du tunnel et se disloquer dans un déluge de feu et d'acier.

À cette seconde même, le visage de Lazare retrouva son aspect quasi mortuaire.

Il n'y avait plus rien à faire pour la Lison tandis que Clorinde gémissait un peu plus loin, le long de la voie. Ils se ruèrent vers elle. Elle s'était manifestement cassé une jambe, la malheureuse !

— Je vais chercher du secours, haleta Chanteau. Émile va rester avec vous. Ne tentez pas le moindre mouvement.

Le jeune écrivain frissonnait et il veilla sur Clorinde, la prenant par la main et lui murmurant que tout irait bien pour elle.

Ils durent attendre plus d'une heure avant qu'une voiture à cheval vienne chercher la banquière qui avait, dans l'intervalle, déjà perdu deux fois connaissance. Les ambulanciers déposèrent Clorinde à l'hôpital de Gmunden, qui se trouvait être l'établissement le plus proche. Un médecin diagnostiqua bien une fracture de la jambe droite ainsi que du coude droit. L'immobilisation serait longue. Ils allaient traiter la douleur le plus rapidement possible.

Puis Émile et Chanteau regagnèrent, tout penauds, la maison du lac.

— Hier, tout fonctionnait parfaitement... répétait l'ingénieur sur le trajet du retour. Ce n'est pas un accident, c'est un sabotage.

Quelle mésaventure !

La nuit était tombée sur la région, et Lazare fut très étonné de découvrir sa demeure plongée dans l'obscurité. Pas une des fenêtres ne laissait échapper la moindre lumière.

— Mais que fabriquent-ils donc ? se demanda Lazare.

Il trouva la force de courir et de faire claquer la porte principale.

C'est alors que l'ingénieur se retrouva nez à nez avec un homme plutôt petit et richement vêtu.

La lumière s'alluma à cet instant.

— Vous ne me connaissez pas, mais moi je vous connais, dit l'intrus.

Émile, lui, le connaissait bien puisqu'il découvrit le visage taillé comme celui d'un rat de Jules Migeon.

CHAPITRE 24

Bien évidemment, et comme il le craignait, son concurrent dans la chasse au trésor n'avait pas abandonné la partie. Émile supposa d'ailleurs que c'était très probablement Migeon, ou un de ses sbires, qui était à l'origine du sabotage des freins de la Lison.

Car l'homme n'était pas venu seul. Chanteau et Émile aperçurent très distinctement que Paul et Jeanne étaient tenus en joue par deux hommes armés de pistolets, dans le salon, près des fenêtres qui ouvraient sur le lac.

Et Migeon en personne tenait lui aussi une arme à la main.

— Je n'ai eu aucun mal à vous retrouver en Autriche, dit-il. Si Baudu et sa troupe n'aiment guère l'argent et se montrent incorruptibles, il n'en est pas de même des loufiats de la Balbi… Son majordome n'a pas été avare de renseignements contre des espèces sonnantes et trébuchantes…

Il se pencha alors en avant, comme s'il cherchait à voir au-dehors, sur le perron.

— D'ailleurs, où est-elle, la Balbi ? J'espère qu'elle n'a pas été victime d'un accident de locomotive à vapeur…

Il avait dit cela d'un ton aussi grinçant qu'une paire d'essieux mal huilés. Puis il montra son pistolet visant la poitrine de Chanteau, qui resta de marbre.

— Trêve de plaisanterie ! Donnez-moi l'enveloppe.

— Elle est à Linz, dans un coffre, l'enveloppe ! cracha Émile, qui ne tenait plus. Tu repasseras, Migeon !

— Je ne t'ai rien demandé à toi, *zolla* miniature !

Chanteau coupa :

— Clotilde m'avait prévenu qu'un homme tel que vous, animé de basses intentions et avec si peu de scrupules, en voudrait aussi au trésor de François...

— Ah, ah ! s'enthousiasma Migeon en dansant presque sur lui-même, un peu bêtement. Ah, ah ! C'est que vous avez avoué ! Il y a donc bien un trésor.

Il ne tint plus, leva son pistolet et tira une balle au plafond. La détonation fit sursauter Jeanne. Des volutes de plâtre descendirent alors et colorèrent les cheveux de Migeon, ainsi que son front.

— L'enveloppe, Chanteau ! éructa Migeon. Je sais bien qu'elle n'est pas à Linz, il n'y a aucun coffre à votre nom, là-bas !

L'ingénieur se tourna alors vers Émile, d'un air coupable.

— Cette histoire de coffre, Émile, c'était une invention de ma part pour que tu acceptes de faire ce voyage avec moi, ce trajet inaugural en hommage à ton père. Mais lui, cet homme, a tout fait rater. Il a commis un sacrilège.

— Vas-tu me donner l'enveloppe au lieu de te justifier ? Sinon je tire, et je demande à ce que ta fille subisse le même sort. Les Zola me doivent tellement d'argent, et je sais bien que, sans ce trésor, il me sera impossible de le récupérer... On peut aussi me comprendre, à la fin !

Lazare sortit une enveloppe pliée en deux de la poche de sa veste.

— Je ne peux pas faire autrement, souffla-t-il.

— Non ! cria Émile, qui fit un pas en avant pour s'interposer.

Mais Migeon le chassa d'un coup de crosse sur l'épaule.

— Bas les pattes, toi !

Il saisit l'enveloppe encore humide et l'ouvrit tout en gardant l'ingénieur sous contrôle grâce à son arme. Et alors, Émile, qui retenait sa colère, vit le visage de son ennemi s'illuminer.

— Une adresse à Venise ! Mais oui ! Ah, je savais bien ! J'ai eu du nez ! La ville de naissance de ce satané François ! Le berceau de la famille ! Le frère Archangias est déjà sur place avec Ovide Faujas, je ne vais avoir besoin que de leur télégraphier l'adresse ! Dans quelques jours à peine, le trésor sera mien !

Migeon vit la mine défaite du jeune homme.

— Tu ne vas pas pleurer, non, tout de même ? Estime-toi plutôt heureux de la fin de cette aventure puisque ta famille aura réglé ses dettes envers son principal débiteur, c'est-à-dire moi !

— Tu n'as pas encore gagné la chasse, dit Émile entre ses dents.

Migeon éclata de rire.

— Non, certes ! Mais, cette fois, c'est moi qui ai une sacrée longueur d'avance sur toi !

Il donna pour consigne à ses hommes de ligoter tout ce petit monde et de l'enfermer dans la cave de la maison, qu'il avait visitée avant l'arrivée du propriétaire, et qui était obscure et humide à souhait pour une fort pénible captivité.

CHAPITRE 25

Et Émile se retrouva pieds et poings liés sur le sol boueux de la cave. Il ne voyait rien, il entendait. Chanteau, muet, Jeanne et son petit souffle court, maladif. Quelle honte, vraiment, que de forcer la malade à une telle extrémité !

Mais celui qui était le plus en rage, justement, c'était Paul, car il ne supportait pas de voir Jeanne à cet endroit. Et il se débattait comme un fou pour tenter de faire coulisser ses poignets sous les cordes. Il ahanait, il pestait, il se retenait de proférer des insultes à l'encontre de Migeon.

— Vous n'auriez pas dû donner l'enveloppe aussi facilement à Migeon, dit Émile.

Chanteau ne répondit rien.

— À présent, la partie est bien mal engagée pour nous. Votre Clotilde a joué avec le feu.

— Je l'ai donnée parce que j'avais une raison, déclara Chanteau. Et une bonne raison.

Ils entendirent alors Paul pousser un bref cri. Un cri qui avait le ton d'une libération. Il était parvenu à enlever les liens autour de ses poignets et il fit de même avec ses chevilles. Puis il libéra aussitôt Jeanne qui le remercia d'un baiser, Émile et enfin Lazare.

Ces remerciements furent loin de la satisfaire. Elle souhaitait ardemment que les deux jeunes aventuriers continuent leurs recherches. Que faire à présent ?

— Suivre la piste du trésor ! dit l'ingénieur. La vraie !

Il monta avec précaution quelques marches de l'escalier afin de s'assurer que le rez-de-chaussée de la maison avait bien été déserté. Et, en effet, il n'entendit aucun bruit, aucun son. Migeon et ses sbires devaient avoir débarrassé le plancher pour prendre la direction de Venise le plus rapidement possible.

Lazare leva la trappe qui menait à la cave et sortit. Il s'épousseta un peu, aida sa fille à sortir puis demanda à Paul de la porter jusqu'à son lit. L'apprenti peintre, ce héros d'un jour, s'exécuta avec joie. Puis Lazare dit à Émile de le suivre jusqu'à son bureau. Là, il réclama de l'aide afin de pousser un meuble bas rempli de livres à en déborder. Derrière, encastré dans le mur, se trouvait un coffre-fort.

— L'adresse, dit Lazare en composant le code à l'aide de trois roulettes, la véritable adresse à laquelle tu trouveras le trésor de ton père, Émile, je la conserve très précieusement dans mon coffre, et nulle part ailleurs.

La porte en acier s'ouvrit et il en sortit une feuille de papier immaculée, une simple feuille de papier qui contenait une adresse à Venise, écrite de la même main que le "Clorinde" précédent.

`Calle Drio la Chiesa, 7`

Émile se jeta à son cou pour le remercier du subterfuge.

— Ces infâmes personnages ne seront pas déçus du voyage, en débarquant à l'adresse que je leur ai réservée, précisa Lazare, presque guilleret.

Paul les avait rejoints et il comprit aussitôt que rien n'était perdu, tout au contraire.

— Filez ! Filez aussi vite que vous le pouvez vers Venise puisque c'est en cette ville, en ce joyau, qu'une partie de ton destin doit s'accomplir, Émile ! Filez tous les deux ! Sans mon aide, je dois rester pour Jeanne, je dois rester pour Clorinde ! Je dois rester pour reconstruire la Lison !

Émile et Paul détalèrent alors de la maison et s'enfoncèrent dans la nuit autrichienne.

CHAPITRE 26

Une épopée pleine de joie et de tristesse, d'espoir et d'angoisse…

Quel voyage là encore à travers le sud de l'Autriche et le nord de l'Italie jusqu'à Venise !

Jusque-là, les deux garçons avaient toujours bénéficié de l'aide d'un adulte pour voyager, tandis qu'à présent ils ne pouvaient compter que sur leur intelligence et leur débrouillardise.

Avec en poche juste quelques pièces que Clorinde leur avait laissées, ils parvinrent pourtant à couvrir le trajet en sept journées, marchant, courant, utilisant des voitures, assis près des cochers qui voulaient bien prendre ces deux pauvres petiots avec eux.

Émile et Paul dormirent à la belle étoile, sur la terre ou sur la paille. Ils mangèrent soit ce que la nature leur offrit, des pommes, des baies, des champignons, soit ce que des paysans ou des villageois leur tendirent, là un morceau de viande ou de poisson, ici du pain trop cuit, trop mou, rassis ou délicieux.

Une rude école de la vie.

Ils connurent la pluie, le vent, mais le soleil surtout et la chaleur, qui leur allait bien, comme lorsqu'ils se baladaient à Aix. La douceur et la hauteur d'esprit de leurs Jeannes manquaient à Émile et à Paul, puisqu'elles portaient le même prénom ! Et ils se firent tous deux un peu de mauvais sang pour leurs parents respectifs qui se trouvaient sans nouvelles d'eux.

Mais puisque tout allait bien !

Ils traversèrent quelques villes, bien que cherchant plutôt à les éviter pour se fondre dans la campagne. Bad Ischl, Flachau, Tamsweg, Villach, quittant enfin l'Autriche pour Udine, en Italie, puis Pordenone.

Tous ces noms défilèrent pour ne former qu'un serpentin sur cette carte qu'ils ne possédaient même pas.

Un serpentin qui allait se terminer sur la côte adriatique, à Venise, patrie de François Zola.

Durant ces sept jours, leur amitié n'avait jamais été aussi vive. Faire front devant l'adversité forge l'amitié. Et ils vécurent ensemble, main dans la main, se rassurant l'un l'autre, l'épisode le plus traumatisant de leur voyage. C'était dans les environs de Pordenone. On était en pleine unification de l'Italie, qui n'était encore qu'une terre morcelée en une multitude de royaumes divers. Un soulèvement venait d'avoir lieu dans la ville et plusieurs compagnies de villageois se battaient contre d'autres. Les villages aux alentours connaissaient une vraie débâcle. Ils assistèrent alors à une bataille terrible et sanglante tout en bas d'un vallon. La douzaine de villageois qui défendaient leur lieu de vie se confrontèrent à des soldats venus d'ailleurs. Le combat s'engagea, à la baïonnette. Un bel homme à la barbe blonde trouait les poitrines qui craquaient et les ventres qui mollissaient, essuyant souvent son arme dans les vêtements de ses victimes. Mais son effroyable besogne ne dura qu'un temps, et il se fit broyer le crâne à l'aide d'une crosse avant d'essuyer une volée de balles qui termina de l'abattre. Les combats faisaient rage et ils ne semblaient pas vouloir se terminer.

Émile et Paul, empruntant des chemins de traverse, firent donc face à ces scènes, à ces images, n'ignorant en rien que la vie était aussi faite de violence. Ils sauraient s'en souvenir pour leurs œuvres à venir. Et, tandis que la silhouette de la lagune se dessinait enfin à l'horizon, Émile et Paul se jurèrent d'être amis à la vie et à la mort.

Puis vint cet instant où ils découvrirent Venise, la cité des Doges, la ville en forme de poisson. L'arrivée dans cette cité magnifique, ce musée à ciel ouvert, marquait donc la fin de leur chasse au trésor. Les deux garçons s'arrêtèrent au point culminant du pont du Rialto pour embrasser le Grand Canal dans toute son étendue et sa beauté.

Quel émerveillement de déambuler dans ces petites rues dont aucune voiture ne venait déranger la quiétude, de s'y perdre surtout, de sauter d'église en église, de place en place, de pont en pont. Et ces canaux resplendissant sous le soleil, où les gondoliers voguaient paisiblement en fredonnant.

Cette ville n'avait pas d'âge. Elle savait être à la fois dans et hors de son temps.

Émile demanda son chemin grâce à ses vagues notions.

Le vieil homme qui le renseigna lui indiqua très précisément où se trouvait la Calle Drio la Chiesa, lui conseillant de suivre les panneaux vers l'opéra de Venise, la Fenice, qui se situait entre la place Saint-Marc et le Grand Canal.

— Vous êtes français ? demanda-t-il alors dans la langue de Zola.

Émile approuva et le Vénitien composa alors une mine inquiète.

— Il y a de riches compatriotes à vous qui se sont fait arrêter hier en compagnie de comploteurs. Un certain Mingeon ou Miguon, je ne sais pas si vous connaissez, car la France est un grand pays.

Émile et Paul échangèrent un clin d'œil avant de remercier le vieil homme.

Lazare Chanteau devait avoir fourni à Migeon l'adresse d'un estaminet ou d'un lieu de rendez-vous politique secret que la police de Venise avait souvent l'occasion de visiter.

Voilà. Plus que quelques pas. Un pont, un seul pont surplombant un étroit canal avant de se retrouver face à la porte du 7 de la Calle Drio la Chiesa. C'était un petit immeuble de deux étages, à la façade blanche décrépite et qui comportait six fenêtres aux chambranles vermoulus.

Émile tenait à peine debout au moment de frapper contre le bois.

Qui allait donc leur ouvrir ?

Cette fameuse Clotilde ? Ou bien un personnage qu'ils ne connaissaient pas encore ?

Qui était le gardien du trésor de François Zola ?

CHAPITRE 27

C'est une femme qui se présenta à eux, une très belle femme d'une cinquantaine d'années peut-être.

— Clotilde ? demanda Émile.

Il voulait prendre cette initiative et, au sourire que lui fit son hôtesse, il sut qu'il avait vu juste, évidemment.

— Oui, je suis Clotilde. Et toi, tu es Émile. Émile Zola. Et ton camarade qui se trouve derrière toi, ce doit être le jeune Paul Cézanne. Je suis ravie de te rencontrer, Émile. Toi aussi, Paul.

Elle parlait parfaitement le français, sans le moindre accent.

— Cela va même au-delà du ravissement. J'attendais ta venue. Ton échec aurait été une surprise. Ta réussite totale n'en est pas une.

Elle les fit entrer dans un intérieur modeste mais meublé avec goût. Ce qui plut immédiatement à Émile, dans le salon de Clotilde, ce furent les grandes bibliothèques qui tapissaient des murs entiers. Les livres lui avaient manqué dans ses aventures. Partout où il s'était rendu, il n'avait jamais noté une présence livresque aussi prégnante.

Émile se laissa tomber sur un sofa rouge vif, et Paul fit de même à ses côtés. Clotilde leur apporta de la citronnade et des biscuits à l'orange amère. Ils engloutirent le tout en quelques secondes à peine.

— Alors, c'était donc vous, la créature fantastique du jardin de la rue de la Mule-Noire ? commença Émile.

— Je suis heureuse de savoir que mon apparition a bien eu ce côté fantastique que je souhaitais lui donner... Oui, Émile, c'était bien moi. Je tenais à être celle qui te lançait sur la piste du trésor de ton papa François. Je suis venue à Aix pour te donner la première enveloppe, ce qui m'a permis de rencontrer ta belle Jeanne par la même occasion. Ta Jeanne et son joli chapeau rose...

Elle leur resservit de la citronnade. Émile et Paul ressentaient, et voyaient peut-être même, la joie qu'éprouvait leur hôtesse à se trouver avec eux en ces instants.

— Mon étape à Aix fut la dernière de mon voyage, j'ai ensuite regagné Venise pour t'attendre. C'est avant ma venue dans le jardin de la rue de la Mule-Noire que j'avais subtilisé le volume de *La Légende dorée* appartenant à Maxime Migeon, à Paris, pour le laisser dans la chambre de la villa Faujas. C'est aussi lors de ce séjour à Paris que j'ai fait bricoler l'orgue de Barbarie de ce brave Isidore et que j'ai confié l'avant-dernière missive à ma grande amie Clorinde Balbi, en lui demandant de veiller sur vous si vous parveniez jusqu'à elle.

— Vous aviez donc vos entrées chez Ovide Faujas, dit Émile sur un ton dubitatif, et peut-être même chez Jules Migeon, à Paris...

— Oui, ce sont des connaissances. J'ai eu tellement de vies. Je n'ai eu aucun mal à les duper.

— Et l'adresse que vous avez laissée en Autriche, chez les Chanteau ? demanda Paul.

Clotilde se frappa doucement le front.

— Mais oui, où avais-je la tête ? Ce voyage en Autriche, je l'ai entrepris avant même celui de Paris. Je souhaitais mettre mes deux plus précieux amis, Clorinde et Lazare, dans une semi-confidence à propos de cette chasse au trésor...

— Et Baudu ? Gervaise ? Tout ce peuple parisien qui m'a si fièrement aidé ? Est-ce bien vous qui les avez mis sur ma route ?

— Qu'est-ce qui te fait penser cela ? demanda Clotilde.

— Ils semblaient me connaître un peu : mon vrai nom d'abord, et la ville d'où je venais ensuite.

Clotilde hocha la tête et croqua à son tour dans un biscuit.

— Oui, j'avais parlé de toi à Baudu. J'ai cette capacité à pouvoir me mouvoir dans toutes les couches de la population. La résultante de mes multiples vies passées, une fois encore. Dans cette quête, je voulais t'éprouver, te montrer à quel point tu étais intelligent, capable, ingénieux, comme le fut ton père. Mais il était hors de question de te faire courir de trop vifs dangers. Aussi, Baudu était chargé de veiller sur toi et de t'aider au besoin. Ce qu'il a fait avec Gervaise, Nana et tous les autres.

Émile approuva. Il connaissait à présent la vérité à ce sujet. Rien n'avait été réellement fortuit dans ses aventures parisiennes.

— Donc, continua l'apprenti écrivain, vous m'avez fait vivre tout cela, toute cette chasse au trésor, pour me faire suivre les multiples épisodes de la vie de mon père et me prouver à moi-même mes capacités.

— Pour te prouver ta valeur, qui est immense, Émile. Et pour te donner la confiance qu'il te faudra dans la vie pour suivre la difficile voie que tu souhaites embrasser.

— Mais il y a bien un trésor, n'est-ce pas ? demanda Paul.

— Oui, bien évidemment, dit Clotilde.

— Mais enfin, quelle a été votre histoire avec papa ? supplia Émile. Les réponses que j'ai reçues jusqu'à maintenant sont bien floues et loin de me satisfaire...

Mais Clotilde ne semblait pas disposée à répondre encore à cette question.

— Je crois bien qu'il est temps pour moi de vous mener jusqu'à la salle du trésor... dit-elle en se levant et en lissant les plis de sa robe. Suivez-moi.

Ils la suivirent, le cœur chancelant.

CHAPITRE 28

Clotilde emprunta un couloir étroit sur toute sa longueur avant de s'arrêter devant une porte et de frapper.

Elle ne dit pas « Sésame, ouvre-toi », elle se contenta de donner quelques coups avec ses douces phalanges sur le bois. Puis elle ouvrit la porte et laissa entrer Émile et Paul, qui se retrouvèrent face à un jeune homme studieusement assis derrière un bureau recouvert de manuels anatomiques.

— Émile, je te présente Pascal.

Le jeune homme se leva et vint embrasser le nouvel arrivant.

— Bonjour, Émile, comme je suis heureux de te connaître !

— Mais c'est ton frère ! cria Cézanne.

Et force était de constater qu'Émile et ce Pascal avaient de forts points de ressemblance : la même forme de visage, la même couleur de cheveux, ce front immense et ces petites lèvres. Il y avait de l'un en l'autre et de l'autre en l'un.

— Pascal est mon fils, dit Clotilde. Il s'apprête à devenir docteur. Il est né en novembre 1831. Il a vingt et un ans. Il est mon fils et il est aussi…

— Mon demi-frère, compléta Émile dans un souffle.

Il se remémora aussitôt cet arbre généalogique que Clotilde lui avait fait compléter case après case, rectangle après rectangle, cet arbre généalogique qui laissait apparaître une autre branche, une autre compagne pour son père et un autre enfant. Il manquait simplement les deux noms sur le papier et Émile les connaissait à présent : il s'agissait de Clotilde, la mère, et de Pascal, le fils.

— Oui, le fils de François. Nous nous sommes rencontrés au début de l'année 1831, dans les salons de Mme de Loverdo, l'épouse d'un général qui avait une lointaine parenté avec ton père.

Elle se tourna vers son fils.

— Avec votre père, mes enfants, notre idylle fut brève mais forte. Puis François a été admis dans la Légion étrangère et est parti pour l'Algérie. Je ne lui avais rien dit de ma grossesse pour ne pas freiner sa carrière. J'étais une femme libre, je me sentais la possibilité d'assumer seule mon enfant. Il ne l'a appris que quelques mois avant sa mort. Il comptait t'en parler plus tard, Émile, et évidemment le dire à son épouse Émilie. La vie ne lui en aura pas laissé le temps. Alors j'ai souhaité réparer cet oubli.

Émile prit les mains de Pascal, ce demi-frère dont il ignorait tout, et il n'eut nul besoin de jeter un coup d'œil approfondi dans la pauvre pièce, où le futur médecin révisait ses cours, pour comprendre qu'il n'y avait aucun trésor apparent.

Comme si elle lisait dans ses pensées, Clotilde enchaîna avec une forte émotion dans la voix :

— Le trésor de François est bien là, dans cette pièce. Je ne t'avais pas menti, Émile. Ses deux fils ! Ces deux intelligences enfin réunies et qui vont faire connaissance… Cette rencontre tardive ne vaut-elle pas toutes les pièces d'or du monde ?

Le jeune Paul, gagné par l'émotion à son tour, entoura de ses bras le cou de son cher ami. Et les trois jeunes gens restèrent ainsi, longtemps, très longtemps, heureux et fiers de se trouver là, dans cette belle et rare communion de sensibilité.

CHAPITRE 29

Émile et Paul restèrent encore deux jours entiers à Venise. Pascal leur servit avec entrain de guide pour découvrir les endroits admirables de la cité des Doges. Ils coururent après les pigeons sur la place Saint-Marc, se baignèrent sur la plage du Lido, s'extasièrent devant les Véronèse et les Tiepolo du musée de l'Accademia et dînèrent de fromages frais et de divins gnocchis à la sauce au potiron dans un charmant petit restaurant du Dorsoduro. On avait prévenu leurs parents respectifs par télégramme que tout allait bien et qu'ils rentreraient bientôt à Aix.

Et puis vint l'heure de la séparation, provisoire. Émile fit jurer à Pascal qu'il viendrait passer les prochaines fêtes de Noël, en famille, à Aix-en-Provence.

— Tu seras aussi le bienvenu chez moi ! dit le jeune Cézanne avec enthousiasme.

Clotilde, qui s'était engagée à les raccompagner à Aix, loua une voiture. Elle ferait le trajet avec eux. Avait-elle déjà du mal à se séparer d'Émile ?

Peut-être.

Mais la première compagne de François Zola souhaitait surtout avoir un entretien à Aix avec Émilie Zola pour tout lui expliquer, tout lui dire.

Tandis que la voiture longeait la ville de Padoue, et qu'Émile ne parvenait pas à quitter du regard la direction de Venise, Clotilde lui posa une question qui fâcha l'apprenti écrivain :

— Tu n'es pas déçu, au moins, de ne pas avoir trouvé un trésor en or et en diamants ?

Il ne répondit pas.

— Tu as toute la vie devant toi pour constituer ton propre trésor, continua Clotilde. Peut-être deviendras-tu riche. Peut-être pas. Il faut t'attendre à ce que ta seule richesse, à la fin de ton existence, ne soit composée que des œuvres issues de ton esprit. Mais ce sera déjà là une réussite intense. Elles constitueront un trésor bien plus unique et singulier que de vulgaires pièces en or ou de couverts en argent !

Émile écoutait attentivement, tout en pensant à ses frères, Pascal, celui de sang, qu'il venait de laisser à Venise, et Paul, celui de sens, qui était fort heureusement resté à ses côtés.

— J'ai tenté d'écrire dans ma prime jeunesse, continua Clotilde, mais j'ai rapidement senti que je n'en avais pas le talent. Alors j'ai tâché d'aider les autres.

Pour la première fois depuis leur rencontre, Clotilde s'ouvrait un peu à lui.

— Vous étiez éditrice ? demanda Émile.

— Oui. Je l'ai été. Entre autres emplois parmi les livres, qui resteront mes meilleurs et plus fidèles amis.

Paul Cézanne ne perdait pas un mot de la conversation. Lui aussi se sentait concerné par ces très sages paroles. Et, une fois encore, ce fut comme si Clotilde était parvenue à lire dans l'esprit de l'apprenti artiste.

— Je te souhaite aussi le meilleur, Paul, dans ta conquête vers un art moderne. Peut-être y trouveras-tu la richesse matérielle ou bien seras-tu obligé d'échanger une de tes futures toiles contre une demi-douzaine d'œufs pour continuer à manger.

— J'espère un jour être exposé au Louvre, déclara le jeune homme, sans forfanterie aucune. C'est un rêve. Mais, comme me le répète si souvent mon père, quand on fait de l'art pour vivre, le plus souvent on en meurt...

Un long silence s'installa alors dans l'habitacle de la voiture, baigné d'un ardent soleil. On entendait seulement le bruit des roues contre les routes cahoteuses de la Vénétie.

— Il vous faudra persévérer dans votre passion, ne jamais mettre en doute votre talent, quoi que la société vous dise et vous dicte... Elle aura tout intérêt à vous placer sous l'éteignoir puisqu'elle ne fonctionne qu'en étouffant ce qui a l'audace de dépasser. Il ne fait pas bon être singulier, être visionnaire. Il vaut toujours mieux être commun.

Elle prit la main d'Émile dans une des siennes et la main de Paul dans l'autre.

— Je vous conjure de toujours suivre votre voie. Vous en avez chacun les capacités. Considérez les aventures de ces dernières semaines comme un prologue à votre vie de créateur.

Émile approuva. Depuis sa traversée de l'Europe avec Paul et sa rencontre avec Pascal à Venise, il s'était senti pousser des ailes. Des ailes pleines de plumes qu'il n'aurait plus dès lors qu'à tremper dans l'encre.

— J'ai hâte d'écrire pour décrire ce que j'ai traversé et ce que je traverserai, annonça-t-il. J'écrirai sur tout, partout, surtout sur ceux qui ne sont jamais apparus encore dans un roman. J'écrirai sur la richesse et la pauvreté, l'ouvrier et le bourgeois, la vie et la mort, la guerre et l'amour, la révolte et l'acceptation. J'écrirai sur les innocents pour aider la justice, la vraie, sans relâche.

Clotilde lui sourit.

— C'est une magnifique profession de foi, Émile.

Le silence se fit à nouveau. Et la voiture aux deux génies s'éloigna vers la lumière, en direction de leur destin.

VOUS AVEZ AIMÉ LIRE LES AVENTURES
DU JEUNE ÉMILE ZOLA ?

DÉCOUVREZ TOUT DE SUITE UN EXTRAIT
D'UN AUTRE ROMAN DE LA MÊME SÉRIE

BERTRAND PUARD

ALEXANDRE

INTRÉPIDE DUMAS

RETROUVEZ TOUS LES TITRES
HACHETTE ROMANS SUR NOS RÉSEAUX

Chapitre 1

La *terre humide me tombait sur le visage. Elle m'aveuglait. Ici, j'ai éprouvé de la peur pour la première fois depuis le début de mon aventure. Le souterrain était déjà plongé dans l'obscurité, ce qui rendait mon avancée difficile, mais ajoutez à cela les éboulis et les trois sbires du comte Cavalcanti lancés à ma poursuite, je n'en menais pas large.*

— Sale petit rat ! hurla un des hommes lancés à ma poursuite. Tu ne nous échapperas pas !

Je continuais à courir vite, je les tenais à distance grâce à mes jambes d'adulte, moi qui n'avais que onze ans. On s'en moquait suffisamment, au collège, de mes deux pinceaux pour que je note ici leur extraordinaire utilité.

Au détour d'un boyau, je trébuchai et me rattrapai de justesse. Je constatai que les trois hommes n'avaient pas gagné un pas sur moi. Je constatai aussi, à la lumière de la torche que tenait le premier, que le deuxième brandissait un poignard à la lame brillante, comme enflammée.

C'était donc le troisième qui tenait le pistolet. Il tira deux fois, coup sur coup. Le bruit me rendit sourd un bref instant, mais les projectiles ne firent que m'effleurer. J'accélérai encore l'allure et je vis la fin de ma course folle arriver. Nous avions étudié les plans des souterrains avec soin, Aglaé, Boudoux et moi, et j'étais donc parvenu en bas du puits qui allait me permettre de retrouver la fraîcheur de cette nuit de novembre. Je pris appui avec mes jambes et mes mains dans le conduit et le remontai à vive allure, en toute agilité, tel un chat acrobate. Je prenais soin d'arracher le plus de mauvaises herbes et de faire tomber le plus de terre possible sur les trois, en bas, pour qu'ils ne parviennent pas à me viser. Deux balles furent tirées encore, et une siffla à mon oreille droite lorsque, enfin, je bondis du puits pour reprendre ma course à travers le jardin à la française du comte Cavalcanti. J'entendis les trois hommes hurler leur désespoir.

Il pleuvait, la pelouse était glissante et le vent fort portait les aboiements de la douzaine de molosses que le comte avait lancés à ma poursuite. Afin de me donner du courage, je mis la main dans la poche de mon gilet pour serrer l'énorme rubis que je venais de subtiliser, cette magnifique pierre précieuse que le comte malfaisant avait volée à la famille d'Aglaé. J'avais jusque-là réussi ma mission, il ne me restait plus qu'à franchir le haut mur du domaine et à prendre place dans la diligence qui m'attendait.

Mais les chiens, de vrais molosses, énormes, velus, enragés, la bave aux lèvres, couraient plus vite que les hommes, et ils parvinrent presque à me rattraper tandis que je distinguais enfin dans la nuit, à travers les épaisses gouttes de pluie, le mur noir de la propriété. Je sentis même une résistance : la mâchoire puissante d'une des bêtes venait d'accrocher mon gilet trempé et je dus tirer, tirer sur mon vêtement à le déchirer, en continuant ma course pour me libérer. Je croisais alors les yeux d'un de ces monstres, des yeux jaune clair, hallucinants de violence, qui me mordirent plus sûrement encore que ses dents.

Je sautai sur le mur, m'agrippant au garde-corps, puis je me hissai afin de basculer de l'autre côté. La meute était restée au pied du mur, aboyant comme jamais.

— Vite, vite !

C'était Aglaé, assise à l'avant de la diligence, près de Boudoux, qui maniait le fouet. Encore en équilibre sur le mur, j'entendis une balle me siffler aux oreilles. Les sbires de Cavalcanti étaient de nouveau à mes trousses.

— Saute ! cria Aglaé.

La diligence était venue à ma hauteur et je n'eus qu'à me laisser glisser pour me retrouver dans les bras de ma bien-aimée. Je pus enfin lui remettre le rubis familial.

— Oh, Alexandre ! dit-elle, au comble de l'émotion. Tu as réussi !

Elle pleurait et moi je l'embrassai, passionnément, tandis que Boudoux, qui ne goûtait guère ces transports, donnait un coup de fouet inouï aux chevaux pour les faire démarrer à vive allure.

— Nous avons réussi ! dis-je en prenant place à l'avant.

— Ne criez pas victoire trop rapidement, répliqua notre cocher, un véritable colosse.

En tournant la tête, je vis en effet deux carrioles attelées chacune de deux chevaux puissants et lancées à vive allure dans notre direction.

— Coupe par le petit bois, ordonna aussitôt Aglaé. Celui qui mène à Oigny.

Mais Boudoux secoua la tête.

— Non, il fait trop sombre. Et j'ai peur que les chevaux dérapent sur les pierres mouillées.

Les carrioles ennemies se rapprochaient dangereusement. Aglaé et moi vîmes alors que les hommes de Cavalcanti, six au total, brandissaient tous leurs pistolets à deux coups, même les chauffeurs !

— Le petit bois, répéta ma bien-aimée, fais-moi confiance.

Boudoux tira violemment sur les rênes vers la droite, les chevaux ralentirent afin de négocier le dangereux virage sous la pluie qui redoublait. Le tonnerre grondait, les éclairs déchiraient le ciel. On eût dit que la fin du monde allait coïncider avec la fin de notre aventure de cette nuit.

Sous les branchages et les feuillages, une obscurité presque parfaite. Notre conducteur, les yeux plissés, guidait la voiture de main de maître, en connaisseur des lieux, cachant son appréhension sous sa parfaite maîtrise. La première carriole ne mit pas longtemps avant de quitter le chemin à la faveur d'un virage prononcé. Elle continua sa route tout droit et termina dans un ravin, renversée. Les hurlements des trois hommes à bord et les hennissements des deux chevaux nous confirmèrent qu'ils ne participeraient plus de sitôt à notre poursuite.

— À droite ! dit Aglaé.

— Non, trop de rochers, répondit Boudoux.

— Justement, à droite !

La demoiselle de mon cœur insistait et Boudoux prit donc à droite, en pestant. Ce fut l'instant qu'Aglaé choisit pour lui arracher le fouet des mains. Elle se hissa sur le toit de la diligence, tandis que nous roulions à toute allure, sur un chemin qui, après les pavés, était fait de trous et de bosses.

— Elle est folle ! hurla Boudoux. Mon fouet ! Mon fouet de cocher !

Mais Aglaé savait parfaitement ce qu'elle était en train d'accomplir. Arrivée à une intersection, elle fit claquer le fouet contre une branche en équilibre précaire sur une autre, au-dessus de nous, une branche qui ne se trouvait pas là par hasard. Ma bien-aimée avait été chargée d'assurer notre fuite et n'avait rien laissé au hasard. La grosse branche tomba sur un petit tas de bois au sol, qui se dispersa aussitôt, et un rocher sculpté comme une pomme se libéra et roula, roula sur le chemin, le bloquant tandis que notre diligence était passée à une feuille à tabac du drame.

Le drame, la carriole poursuivante ne l'évita pas. Prise dans son élan, incapable de freiner, elle heurta de plein fouet la pomme de granit et se disloqua entièrement sous le choc.

— Victoire ! hurlai-je, tandis que Boudoux, qui avait arraché en grommelant le fouet des mains d'Aglaé, guidait à présent les chevaux en dehors de la forêt, sur la large route qui nous mènerait vers Villers-Cotterêts.

Aglaé et moi nous serrâmes dans les bras, après avoir donné une vive accolade à notre grand ami. Et puis je me penchai à nouveau vers Aglaé, la renversant tout en la soutenant par les hanches, et déposai sur ses lèvres un...

— Alexandre... Alexandre !

... et déposai sur ses lèvres un doux baiser qui avait un goût de miel, et par-dessus tout, le goût de l'aventure triomphante.

— Alexandre, tu vas être en retard au collège ! Viens à présent ! Pose ta plume et viens !

Chapitre 2

— J'arrive, mère !

Alexandre soupira. Il regarda la montre à gousset qui se trouvait sur sa table de chevet. Il la tenait de son père, mort d'une longue maladie alors qu'il n'avait que trois ans. Oui, en effet, il était plus que l'heure de se rendre au collège.

— Encore tes récits… Ton écriture, marmonna sa mère, qui se prénommait Marie-Louise. Je me demande qui a bien pu te glisser cette passion dans la tête.

— Moi-même, mère, répondit Alexandre en se levant et en bombant le torse. Je n'ai besoin de personne pour décider de ma vie, ni de mes envies à vrai dire.

Marie-Louise hésita entre un sourire et une grimace. Elle savait son fils prompt à s'enflammer, il tenait cela de son père, entre autres traits de caractère, mais, au fond, elle appréciait l'esprit vaillant de son fils, toujours en activité, qui ne devait pas même s'éteindre durant son sommeil. Cela égayait ses mornes journées à tenir le bureau de tabac de la ville. Marie-Louise avait éprouvé quelque peine à se séparer de sa fille aînée, Aimée, qui avait neuf ans de plus qu'Alexandre et qui s'était mariée quelques mois auparavant.

— Range donc tes feuillets, dit-elle en pliant en quatre la couverture de son fils, sinon ils risquent de s'envoler lorsque j'aérerai ta chambre.

Le jeune homme de onze ans, mais qui par sa grande taille en paraissait bien trois de plus, haussa les épaules. Pyrame, leur chien de haute race comme il aimait à le présenter aux visiteurs, entra à cet instant dans la chambre et vint lécher la main de son bienfaiteur.

— J'en écrirai d'autres, dit-il, des aventures plus trépidantes encore et avec de plus belles phrases. Et puis, comme cela, ma prose sera peut-être lue par un passant moins idiot qu'un autre, qui ramassera mon manuscrit à terre. Alors, va, tu peux bien aérer ma chambre, mère, et créer quelques courants d'air !

Marie-Louise, cette fois, lui adressa un beau sourire. Elle ne voyait aucun mal à ce que son fils, dévoreur de romans en tous genres, dégaine la plume lors de ses moments de liberté. Non, ce qui l'inquiéterait, c'est que son fils veuille en faire son activité à l'avenir. Combien d'auteurs pouvaient se targuer de vivre de leur plume ? Combien d'écrivains pouvaient se vanter d'éviter la misère matérielle par la seule force de leur esprit ? Elle aurait souhaité que son garçon devienne prêtre, elle l'avait d'ailleurs envoyé au séminaire quelques mois plus tôt. Une réussite ! Alexandre, ivre de rage, avait préféré fuguer trois jours plutôt que de se rendre chez les curés. Il s'était réfugié chez Boudoux, l'ermite de la ville, qui vivait dans une cahute près d'un étang, et tous deux avaient passé leurs journées à chasser et à parler. Oui, une véritable réussite que cette idée de séminaire.

— Au revoir, mère, dit le jeune garçon en embrassant Marie-Louise avec tendresse.

— Ne traîne pas après les cours, surtout. J'ai entendu des bruits comme quoi les Cosaques se rapprocheraient de notre ville. Tu rentreras ici immédiatement.

Alexandre, sans répondre, descendit les marches de la boutique deux par deux, ses livres de classe sous le bras, puis il sortit en coup de vent. La cloche du bureau de tabac que Marie-Louise tenait depuis quelques mois continua à tinter longtemps après le départ de son fils.

Il remonta la rue de Lormet en direction du collège, tout en regardant une nouvelle fois sa montre à gousset. Que d'heures perdues et encore à perdre sur les bancs de ce satané petit collège de l'abbé Grégoire... Il n'y apprenait rien de vraiment intéressant. Il y perdait son temps, sa vie même ! Ah, si seulement il pouvait vivre des aventures aussi vertigineuses que celles qu'il couchait sur le papier, les soirs tard et les matins tôt !

Pour couronner le tout, aujourd'hui c'était le cours d'arithmétique, qu'il détestait. Alexandre ne prenait du plaisir qu'à la calligraphie. Et puis, bien évidemment, en dehors du collège aux cours d'escrime et aux leçons de danse, deux activités essentielles pour qui souhaitait vite devenir un homme qui compte dans le monde. Parce que Alexandre comptait bien devenir quelqu'un, comme l'avait été son père, un général de Napoléon, avant de tomber en disgrâce. Il comptait bien remettre le nom de Dumas sur le devant de la scène.

Le jeune homme poussa la lourde porte en bois du collège. Comme d'habitude, François-Hippolyte Bligny, son pire ennemi, l'attendait debout, au milieu de la cour de graviers, entouré de sa petite bande.

— Tiens, voilà le nègre, ricana le jeune garçon.

Alexandre avait l'habitude de cette insulte. Tout comme il avait l'habitude de ne pas se laisser faire. François-Hippolyte, fils d'un riche marchand de drap de Villers-Cotterêts, se moquait régulièrement du manque de moyens de la famille d'Alexandre et de ses origines, puisqu'il se trouvait que son père, le général, était né de l'union d'un militaire normand et d'une esclave à la peau noire. Dumas était d'ailleurs le nom de cette femme, et non celui du grand-père, un nom à rallonge de gentilhomme.

Alexandre et François-Hippolyte partageaient la même stature, colossale pour leur jeune âge, ce qui faisait leur joie lorsqu'ils en venaient aux mains : le combat n'avait rien d'inégal.

— J'ai peut-être du sang nègre qui coule dans mes veines, répondit Alexandre, mais au moins coule-t-il dru, pas comme le tien...

Il en avait d'autres, des répliques, des dizaines en stock. D'ailleurs, la plupart figuraient dans ses récits lorsqu'il s'agissait de lancer un duel entre deux de ses personnages. Il raffolait particulièrement de ces saillies.

Bligny se fraya un chemin à travers la cour pour venir se planter devant Alexandre, qui posa ses livres à terre pour avoir les mains parfaitement libres.

— Tu n'es qu'un nègre, répéta Bligny, un nègre dont la mère n'est même pas capable de faire dresser une pierre sur la tombe de son mari !

— Et toi tu es trop blanc pour être honnête...

Ce fut François-Hippolyte qui donna le premier coup dans le ventre de son adversaire. Alexandre encaissa sans reculer d'un pas. On entendit des cris de joie dans la cour du collège et, aussitôt, un cercle d'élèves se forma autour des deux combattants. Il rendit le coup de poing, cette fois dans la poitrine, et son adversaire se plia en deux avant de se relever, éructant de rage. Puis il y eut un autre soufflet arrêté par Alexandre dans le creux de sa paume. Mais il ne put éviter le coup de pied de Bligny sur sa cuisse gauche, ce qui le fit mettre le genou à terre. Les élèves prenaient des paris en friandises sur l'issue du combat. Les pas de deux des jouteurs faisaient atrocement crisser les graviers. Et puis Alexandre parvint à adresser un puissant coup du droit à Bligny, qui laissa échapper un cri. Un autre lui fit écho.

— Cela suffit, à présent !

C'était la voix de stentor de l'abbé Grégoire, qui courait vers eux en tenant le bas de sa robe de bure pour éviter de trébucher. Il sépara les deux élèves avec autorité.

— Je ne veux plus de cela dans ma cour, est-ce bien clair ? cria-t-il.

Le regard baissé, Bligny approuva. Alexandre, lui, dardait ses grands yeux enflammés sur ceux du directeur.

— Sachez que je ne laisserai jamais insulter mon nom ni ma famille, dit-il, encore haletant.

— Je ne souhaite pas savoir qui de vous deux a provoqué l'autre. Je veux que cela cesse, est-ce bien clair ? Et, pour vous punir de ce comportement puéril, vous me copierez trois cents vers chacun pour demain.

L'abbé Grégoire les emmena tous deux dans son bureau pour appliquer des feuilles de férule sur leurs ecchymoses, puis sonna le début des cours.

La matinée passa à manipuler des nombres et des chiffres. Une horreur pour Alexandre. Que de temps perdu tandis qu'il aurait pu se plonger avec délice dans un roman, un récit d'aventure qui l'aurait transporté loin de sa ville froide et brumeuse de Villers-Cotterêts... Sur quelque océan dont il ignorait encore le nom avant de le lire sur le papier.

Ou bien aurait-il chassé quelques oiseaux avec Boudoux, le gargantua de la ville. Avec lui, il devenait trappeur. Ou bien encore passé quelques instants avec Aglaé, sa meilleure amie, de quatre ans son aînée, qui était vendeuse dans une boutique de mode le jour, et lectrice attitrée et attentive des récits d'Alexandre la nuit.

Mais non, non, il y avait ces fichues règles de calcul à apprendre !

À midi, Alexandre fut le premier à quitter le collège par la grande porte, sans demander son reste. Il décida de ne pas écouter sa mère et sortit même de la ville pour se rendre à l'étang où habitait Boudoux. Mais son ami était introuvable. Dépité, il regagna le cœur du bourg mais le magasin de mode où travaillait Aglaé venait de fermer ses portes et l'apprenti écrivain ne croisa pas son charmant minois.

Décidément, une bien morne journée depuis qu'il avait posé sa plume ce matin !

Il rentra donc chez lui, empruntant des rues tout de même étonnamment désertes à cette heure du jour.

Lorsqu'il arriva devant le bureau de tabac de sa mère, il trouva porte close, chose inhabituelle à l'heure du déjeuner. Il tambourina à la porte et vit la figure de Marie-Louise collée à une des fenêtres de la boutique. Elle vint lui ouvrir aussitôt.

— J'étais morte d'inquiétude, dit-elle en le serrant dans ses bras.

Elle le tira avec difficulté pour qu'il entre et referma la porte à double tour.

— Mais que se passe-t-il, mère ? demanda Alexandre.

— Comment ? Tu n'es pas au courant ?

Le jeune garçon secoua la tête.

— Les Cosaques sont arrivés aux portes de Villers au milieu de la matinée. Ils vont certainement chercher à nous faire du mal, il faut fuir la ville, se réfugier quelque part !

Alexandre, pas inquiet pour un sou, eut même un petit sourire devant cette perspective.

Enfin un peu d'aventure et de danger !

hachette s'engage pour l'environnement en réduisant l'empreinte carbone de ses livres. Celle de cet exemplaire est de :
500 g éq. CO_2
Rendez-vous sur www.hachette-durable.fr

PAPIER À BASE DE FIBRES CERTIFIÉES

« Pour l'éditeur, le principe est d'utiliser des papiers composés de fibres naturelles, renouvelables, recyclables et fabriquées à partir de bois issus de forêts qui adoptent un système d'aménagement durable. En outre, l'éditeur attend de ses fournisseurs de papier qu'ils s'inscrivent dans une démarche de certification environnementale reconnue. »

Composition et mise en pages : Nord Compo

Achevé d'imprimer en Italie par Grafica Veneta
Dépôt légal 1re publication septembre 2018
20.4035.8 – ISBN : 978-2-01-626928-2
Édition : 01 – Dépôt légal : septembre 2018

Loi n° 49-956 du 16 juillet 1949
sur les publications destinées à la jeunesse